NE능률 영어교과서

대한민국 고등학생 **10**명 중 **4.7** 명이 보는 교과서

영어 고등 교과서 점유율 1위
(7차, 2007 개정, 2009 개정, 2015 개정)

능률보카

그동안 판매된
능률VOCA 1,100만 부

대한민국 박스오피스
**천만명을 넘은 영화
단 28개**

리딩튜터

그동안 판매된
리딩튜터 1,900만 부
차곡차곡 쌓으면 19만 미터

**에베레스트
21 배 높이**

READING TUTOR

190,000m

에베레스트 8,848m

그래머존

그동안 판매된 450만 부의 그래머존을 바닥에 쭉 ~ 깔면

1000km 서울-부산 왕복가능

서울

부산

• 중학영문법 •

총정리
모의고사

LEVEL 3

지은이	NE능률 영어교육연구소
선임연구원	김지현
연구원	박수경
외주 연구원	한정은
영문교열	Patrick Ferraro, Bryce Olk
디자인	민유화
맥편집	허문희

교재 개발에 도움을 주신 분　김용진

NE능률이
미래를
창조합니다.

건강한 배움의 고객가치를 제공하겠다는 꿈을 실현하기 위해
40년이 넘는 시간 동안 열심히 달려왔습니다.

앞으로도 끊임없는 연구와 노력을 통해
당연한 것을 멈추지 않고

고객, 기업, 직원 모두가 함께 성장하는 NE능률이 되겠습니다.

• 중학영문법 •

총정리
모의고사

내 · 신 · 상 · 위 · 권 · 을 · 위 · 한

3 LEVEL

STRUCTURES & FEATURES

1. 시험에 진짜 나오는 문법 포인트

● 필수 문법을 관련 문법 항목끼리 묶어 수록하였습니다.

● 〈내신 빈출 문법〉을 통해 학교 시험에 자주 출제되는 문법 사항을 익힐 수 있습니다.

2. UNIT 모의고사 2회

신경향 기출 유형을 반영한 모의고사를 매 UNIT당 2회씩 수록하였습니다. 서술형을 포함하여 학교 시험에 자주 출제되는 문제 유형을 집중 훈련할 수 있습니다.

3. 누적 총정리 모의고사 5회

각 UNIT의 문법 항목을 모두 포함한 〈누적 총정리 모의고사〉를 총 5회 수록하였습니다. 문제를 풀면서 배운 문법을 총정리할 수 있습니다.

학습 계획·현황

학습 계획·현황

26일 완성, 16일 완성, 12일 완성의 3가지 학습 계획 중, 자신에게 맞는 것을 선택하여 계획을 세우고, 현황을 기록할 수 있습니다.

학습 확인표

문항별 출제 포인트를 확인할 수 있는 〈학습 확인표〉를 통해 취약한 문법 항복을 점검하고 복습할 수 있습니다.

정답 및 해설

문항별 출제 포인트를 수록하여 문제의 핵심을 쉽게 파악할 수 있고, 해석과 해설, 어휘를 자세히 수록하여 자습이 용이합니다.

[기출응용], [통합유형]으로 학교 시험에 완벽하게 대비할 수 있습니다.

05 [기출응용] 서울 00중 3학년

다음 밑줄 친 부분의 쓰임이 나머지와 다른 것은?

① <u>Being</u> known to every teacher in school, he to behave well.
② <u>Being</u> very sick, James was absent from wo
③ <u>Being</u> a good listener is usually more impo than being a good speaker.
④ <u>Being</u> a morning person, Lance always wo before 7 a.m.
⑤ <u>Being</u> tired, she went to bed early.

[05-06] 다음 주어진 문장의 밑줄 친 부분과 쓰임이 같은 것을 고르시오.

05 [통합유형]

> This is the movie <u>that</u> was filmed in my town.

① I forgot <u>that</u> I had a meeting.
② It was strange <u>that</u> Jake missed the class.
③ I hope <u>that</u> nobody gets hurt in the competition.
④ She told me <u>that</u> she couldn't come to the party.
⑤ There are some websites <u>that</u> provide free English classes.

통합유형: 관련 문법 항목들이 통합된 문제 유형

CONTENTS

학습 계획·현황

26일 완성

Unit	Day	학습 범위	학습일		복습 Check
Unit 01	Day 01	시험에 진짜 나오는 문법 포인트	월	일	☐
	Day 02	모의고사 1	월	일	☐
	Day 03	모의고사 2	월	일	☐
	Day 04	**Unit 01 전체 복습**	틀린 문항 복습:	월	일
Unit 02	Day 05	시험에 진짜 나오는 문법 포인트	월	일	☐
	Day 06	모의고사 1	월	일	☐
	Day 07	모의고사 2	월	일	☐
	Day 08	**Unit 02 전체 복습**	틀린 문항 복습:	월	일
Unit 03	Day 09	시험에 진짜 나오는 문법 포인트	월	일	☐
	Day 10	모의고사 1	월	일	☐
	Day 11	모의고사 2	월	일	☐
	Day 12	**Unit 03 전체 복습**	틀린 문항 복습:	월	일
Unit 04	Day 13	시험에 진짜 나오는 문법 포인트	월	일	☐
	Day 14	모의고사 1	월	일	☐
	Day 15	모의고사 2	월	일	☐
	Day 16	**Unit 04 전체 복습**	틀린 문항 복습:	월	일
Unit 05	Day 17	시험에 진짜 나오는 문법 포인트	월	일	☐
	Day 18	모의고사 1	월	일	☐
	Day 19	모의고사 2	월	일	☐
	Day 20	**Unit 05 전체 복습**	틀린 문항 복습:	월	일
누적 총정리 모의고사	Day 21	누적 총정리 모의고사 1	월	일	☐
	Day 22	누적 총정리 모의고사 2	월	일	☐
	Day 23	누적 총정리 모의고사 3	월	일	☐
	Day 24	누적 총정리 모의고사 4	월	일	☐
	Day 25	누적 총정리 모의고사 5	월	일	☐
	Day 26	**누적 총정리 모의고사 전체 복습**	틀린 문항 복습:	월	일

16일 완성

Unit	Day	학습 범위	학습일	
Unit 01	Day 01	시험에 진짜 나오는 문법 포인트	월	일
	Day 02	모의고사 1	월	일
		모의고사 2	월	일
Unit 02	Day 03	시험에 진짜 나오는 문법 포인트	월	일
	Day 04	모의고사 1	월	일
		모의고사 2	월	일
	Day 05	**Unit 01, 02 전체 복습**	월	일
Unit 03	Day 06	시험에 진짜 나오는 문법 포인트	월	일
	Day 07	모의고사 1	월	일
		모의고사 2	월	일
Unit 04	Day 08	시험에 진짜 나오는 문법 포인트	월	일
	Day 09	모의고사 1	월	일
		모의고사 2	월	일
	Day 10	**Unit 03, 04 전체 복습**	월	일
Unit 05	Day 11	시험에 진짜 나오는 문법 포인트	월	일
	Day 12	모의고사 1	월	일
		모의고사 2	월	일
	Day 13	**Unit 05 전체 복습**	월	일
누적 총정리 모의고사	Day 14	누적총정리 모의고사 1	월	일
		누적총정리 모의고사 2	월	일
	Day 15	누적총정리 모의고사 3	월	일
		누적총정리 모의고사 4	월	일
		누적총정리 모의고사 5	월	일
	Day 16	**누적 총정리 모의고사 전체 복습**	월	일

12일 완성

Unit	Day	학습 범위	학습일	
Unit 01	Day 01	시험에 진짜 나오는 문법 포인트	월	일
	Day 02	모의고사 1	월	일
		모의고사 2	월	일
Unit 02	Day 03	시험에 진짜 나오는 문법 포인트	월	일
	Day 04	모의고사 1	월	일
		모의고사 2	월	일
Unit 03	Day 05	시험에 진짜 나오는 문법 포인트	월	일
	Day 06	모의고사 1	월	일
		모의고사 2	월	일
Unit 04	Day 07	시험에 진짜 나오는 문법 포인트	월	일
	Day 08	모의고사 1	월	일
		모의고사 2	월	일
Unit 05	Day 09	시험에 진짜 나오는 문법 포인트	월	일
	Day 10	모의고사 1	월	일
		모의고사 2	월	일
누적 총정리 모의고사	Day 11	누적총정리 모의고사 1	월	일
		누적총정리 모의고사 2	월	일
	Day 12	누적총정리 모의고사 3	월	일
		누적총정리 모의고사 4	월	일
		누적총정리 모의고사 5	월	일

UNIT별 모의고사

UNIT 01

시제, 수동태, 조동사

UNIT 01 | 시제, 수동태, 조동사

A 시제

1 현재완료

a 현재완료: 「have[has] v-ed」의 형태로, 과거에 시작된 동작이나 상태가 현재까지 영향을 미치고 있음을 나타낸다. 〈경험〉, 〈계속〉, 〈완료〉, 〈결과〉 등의 의미로 해석할 수 있다.

Have you ever **read** *Demian*? 〈경험〉
⤷ ever, never, before, once 등과 함께 자주 쓰인다.
We **have known** each other since 2011. 〈계속〉
⤷ since, for 등과 함께 자주 쓰인다.
Donna **has** just **finished** her project. 〈완료〉
⤷ just, already, yet 등과 함께 자주 쓰인다.
Dajin **has left** her umbrella on the bus. 〈결과〉

b 현재완료 진행형: 「have[has] been v-ing」의 형태로, 과거에 시작된 일이 현재에도 계속 진행되고 있는 상태를 나타낸다.

It **has been raining** a lot for a week.

2 과거완료

a 과거완료: 「had v-ed」의 형태로, 과거 기준 시점 이전에 시작된 동작이나 상태가 과거의 기준 시점까지 영향을 미쳤음을 나타낸다. 현재완료와 같이 〈경험〉, 〈계속〉, 〈완료〉, 〈결과〉 등의 의미로 해석할 수 있다. 또한 과거에 일어난 두 가지 일의 순서를 나타내기 위해 먼저 일어난 일을 말할 때도 쓴다.

I **had** never **visited** an ice rink before last Friday.
I *realized* that I **had left** my wallet at home.

b 과거완료 진행형: 「had been v-ing」의 형태로, 과거 기준 시점 이전에 시작된 일이 과거의 기준 시점에도 계속 진행되고 있었던 상태를 나타낸다.

She **had been waiting** for her friend for 20 minutes.

3 미래완료

「will have v-ed」의 형태로, 미래 어느 시점까지 완료되거나 영향을 미칠 동작이나 상태를 나타낸다.

She **will have finished** her homework by two o'clock.

cf.

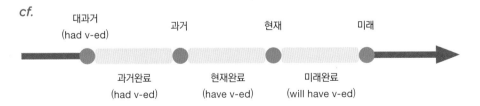

> **· 내신 빈출 문법**
> 과거시제 vs. 현재완료
> 과거시제는 현재와 관계없이 단순히 과거의 일을 나타내는 반면, 현재완료는 과거에 시작되어 현재에도 계속되거나 영향을 미치는 일을 나타낸다. 또한 현재완료는 yesterday, ~ ago, last ~ 등과 같이 과거의 구체적 시점을 나타내는 말과 함께 쓰이지 않는다.

대과거

과거보다 더 이전에 있었던 일을 나타낼 때 「had v-ed」 형태의 대과거를 쓴다. 단, before, after 등의 접속사와 함께 쓰여 시간의 전후 관계가 분명한 경우에는 대과거 대신 과거시제를 쓸 수 있다.

After she **had taken[took]** a nap, she felt refreshed.

B 수동태

1 수동태의 여러 가지 형태

The walls **are being painted** by my friends. 〈진행형 수동태〉
The thief **has been arrested** by the police. 〈완료형 수동태〉
Dinner **will be served** after the speech. 〈미래시제 수동태〉
This ink spot **can be removed** easily. 〈조동사가 있는 문장의 수동태〉

2 4형식·5형식 문장의 수동태

a 4형식 문장의 수동태: 4형식 문장은 간접목적어와 직접목적어를 각각 주어로 하는 2개의 수동태 문장을 만들 수 있다. 직접목적어를 주어로 하는 경우 대부분의 수여동사는 간접목적어 앞에 전치사 to를, make, buy, get 등은 for를, ask는 of를 쓴다.

I gave my brother the guitar.
<u>간접목적어</u>   <u>직접목적어</u>

→ **My brother** was given the guitar by me. 〈간접목적어가 주어〉
→ **The guitar** was given *to* my brother by me. 〈직접목적어가 주어〉

b 지각·사역동사의 수동태: 5형식 문장에서 지각동사의 목적격보어로 쓰인 동사원형은 수동태 문장에서 to부정사 형태로 쓰고, 지각동사의 목적격보어가 현재분사인 경우에는 그대로 둔다. 사역동사 중에는 make만 수동태로 쓰는데, 목적격보어로 쓰인 동사원형은 수동태 문장에서는 to부정사로 바뀐다.

The guard *saw* him **enter[entering]** the closed factory.
→ He *was seen* **to enter[entering]** the closed factory by the guard.
He *made* me **tell** the truth.
→ I *was made* **to tell** the truth by him.

3 주의해야 할 수동태

a by 이외의 전치사를 쓰는 수동태: 수동태의 행위자는 보통 「by + 목적격」을 쓰지만 by 이외의 전치사를 쓰는 경우도 있다.

She **is known to** people all over the world.

b 동사구의 수동태: 동사구는 하나의 동사로 취급하므로, 동사구에 포함된 부사나 전치사는 수동태 문장에서도 그대로 쓴다.

We **took care of** the lost cat.
→ The lost cat **was taken care of** by us.

c 목적어가 that절인 문장의 수동태: 문장의 동사가 say, believe, think, consider 등이고 목적어가 that절인 경우는 가주어 it이나 that절의 주어를 각각 주어로 하여 수동태 문장을 만들 수 있다.

People *say* **that** the politician is in trouble.
→ **It** *is said* **that** the politician is in trouble. 〈It + be v-ed that ~〉
→ **The politician** *is said* **to be** in trouble. 〈that절의 주어 + be v-ed + to-v〉

↳ *that절의 주어가 수동태 문장의 주어가 될 때 that절의 동사는 to부정사가 된다.*

· 내신 빈출 문법

직접목적어만을 주어로 쓰는 동사
「동사 + 직접목적어 + for + 간접목적어」의 형태로 쓰는 동사들(make, buy, get 등)은 직접목적어만을 수동태의 주어로 쓴다.

Daniel *bought* the boy a cell phone.
→ **A cell phone** was bought *for* the boy by Daniel.
[~~The boy was bought a cell phone by Daniel.~~]

---

by 이외의 전치사를 쓰는 경우
be known to ~에게 알려져 있다
cf. be known as ~(으)로서 알려져 있다
cf. be known for ~으로 유명하다
He **is known as** a master in this field.
The hotel **is known for** its fantastic views.
be interested in ~에 관심이 있다
be surprised at[by] ~에 놀라다
be disappointed with[at/in] ~에 실망하다
be filled with ~으로 가득 차 있다
be satisfied with ~에 만족하다
be worried about ~을 걱정하다
be concerned about ~을 걱정하다
be composed of ~으로 구성되어 있다
be made from ~으로 만들어지다 (화학적 변화)
be made (out) of ~으로 만들어지다 (물리적 변화)

C 조동사

1 can / may / must

Kangaroos **can**(= **are able to**) hold their babies in their pouch.
〈능력·가능: ~할 수 있다〉
Can I use the computer for free? 〈허가: ~해도 된다〉
You **may** borrow my clothes if you want. 〈허가: ~해도 된다〉
His story **may** be true. 〈약한 추측: ~일지도 모른다〉
We **must**(= **have to**) pay a fee to enter the park. 〈의무: ~해야 한다〉
He is not in the gym now. He **must** be at the library.
〈강한 추측: ~임이 틀림없다〉
You **must not** leave trash at the campsite. 〈강한 금지: ~하면 안 된다〉
You **don't have to** stay here. 〈불필요: ~할 필요가 없다〉
  ↳ = don't need to

2 should / ought to

You **should**(= **ought to**) think twice before you talk. 〈의무·충고: ~해야 한다〉
  ↳ should와 뜻이 거의 같으나, should가 더 자주 쓰인다.

3 had better / would rather

You **had better** go before it rains. 〈충고: ~하는 게 좋겠다〉
The subway is too crowded. I **would rather** drive. 〈~하는 게 더 낫겠다〉

4 would / used to

I **would**(= **used to**) go hiking every Sunday. 〈과거의 습관〉
There **used to** be a bank on that corner. 〈과거의 습관 및 상태〉
[There would be a bank on that corner.]
  ↳ 과거의 상태를 나타낼 때는 would를 쓸 수 없다.

5 조동사 + have v-ed

「조동사 + have v-ed」 형태로 과거의 일에 대한 후회나 유감, 가정, 추측 등을 나타낸다.

He **may have called** when you were out.
She doesn't have a ring on her finger. She **must have lost** it.
There were no tickets left. They **cannot have gone** to the musical.
I **should have apologized** to her for my behavior.

---

must와 have to
〈의무〉의 뜻일 때 must 대신 have to 를 쓸 수 있다. 〈강한 추측〉을 나타내는 must의 부정은 강한 부정적 추측을 나타내는 cannot(~일 리가 없다)이다.

He is in the gym now. He **cannot** be at the library.

ought to / had better / would rather의 부정형
각각 ought not to, had better not, would rather not으로 쓴다.

would rather A than B
B하느니 차라리 A하겠다

· 내신 빈출 문법
조동사 + have v-ed
may have v-ed ~이었을지도 모른다
(과거 사실에 대한 약한 추측)
must have v-ed ~이었음이 틀림없다
(과거 사실에 대한 강한 추측)
cannot[can't] have v-ed ~이었을
리가 없다 (과거 사실에 대한 강한 부정)
should have v-ed ~했어야 했다(그러
나 하지 않았다) (과거 사실에 대한 후회나 유감)

[01-02] 다음 빈칸에 들어갈 말로 알맞은 것을 고르시오.

01

> They _____ the construction by 2028.

① finish
② finishing
③ have finished
④ were finished
⑤ will have finished

02

> She is known _____ many people as a great leader.

① for
② to
③ in
④ with
⑤ on

03

다음 빈칸에 공통으로 들어갈 말로 알맞은 것은?

> a. She _____ stay at my house when she visited Seoul.
> b. I _____ rather wear a dress than a suit.

① must
② would
③ had better
④ used to
⑤ can

04

다음 주어진 문장의 밑줄 친 부분과 의미가 같은 것은?

> I <u>can</u> count to ten in Chinese.

① <u>Can</u> I ask you a personal question?
② You <u>can</u> go to the movies this afternoon.
③ He <u>cannot</u> have lied to me!
④ <u>Can</u> you swim faster than me?
⑤ You <u>cannot</u> bring your cell phone here.

05

다음 능동태 문장을 수동태 문장으로 전환할 때 빈칸에 들어갈 말로 알맞은 것은?

> The painter is painting the king's portrait.
> → The king's portrait _____ by the painter.

① is painted
② was painted
③ is being painted
④ was being painted
⑤ has been painted

[06-08] 다음 빈칸에 들어갈 말로 바르게 짝지어진 것을 고르시오.

06 통합유형

> a. I _____ just finished my dinner when he visited me.
> b. Some money was sent _____ me by my parents.

① had – for
② have – to
③ had – to
④ have – for
⑤ had – of

07 기출응용 대전 00중 3학년

> a. The floor is wet. Someone _____ have spilled some water.
> b. His restaurant is popular. You _____ make a reservation.

① must – will
② must – should
③ may – won't
④ should – can
⑤ should – must

08

a. The dog was made _____ the newspaper to its owner.
b. An old lady was heard _____ for help.

① bring – to scream
② bring – screaming
③ to bring – scream
④ to bring – screaming
⑤ bringing – to scream

09

다음 능동태 문장을 수동태 문장으로 바꾼 것 중 옳지 않은 것은?

① People believe that the rumor is true.
→ It is believed that the rumor is true.
② Mr. Lee has investigated the case.
→ The case has been investigated by Mr. Lee
③ The waiter is serving the customers.
→ The customers are being served by the waiter.
④ The detective saw a man throw away a bag.
→ A man was seen to throw away a bag by the detective.
⑤ People say that she is the best writer of the 20th century.
→ She is said be the best writer of the 20th century.

10

다음 두 문장을 한 문장으로 만든 것으로 옳은 것은?

Jim started to fix the sink an hour ago.
He is still fixing it.

① Jim fixed the sink for an hour.
② Jim had fixed the sink for an hour.
③ Jim has been fixing the sink for an hour.
④ Jim had been fixing the sink for an hour.
⑤ Jim will have fixed the sink for an hour.

11 기출응용 울산 00중 3학년

다음 밑줄 친 우리말을 영어로 바르게 옮긴 것은?

A: 넌 얼마나 오래 기타를 쳐 왔니?
B: For ten years.

① How long do you play the guitar?
② How long did you play the guitar?
③ How long had you played the guitar?
④ How long have you played the guitar?
⑤ How long have you been played the guitar?

12

다음 빈칸에 들어갈 말로 알맞지 않은 것은?

You _____ fasten your seat belt when you are in a car.

① must
② should
③ used to
④ ought to
⑤ had better

13

다음 우리말과 일치하도록 빈칸에 들어갈 말로 알맞은 것은?

내가 문을 두드렸을 때 그들은 세 시간째 노래를 부르고 있었다.
→ They _____ for three hours when I knocked on their door.

① sing
② are singing
③ have been singing
④ had been singing
⑤ will have been singing

14

다음 빈칸에 들어갈 말이 나머지와 다른 것은?

① His basket was filled _____ candy.
② I'm very disappointed _____ his new movie.
③ He was pleased _____ the result of the game.
④ She was worried _____ her first trip abroad.
⑤ I was highly satisfied _____ her presentation.

15

다음 중 우리말 해석이 옳지 않은 것은?

① I have suffered from headaches.
   나는 두통에 시달려 왔다.
② He has gone to his hometown.
   그는 그의 고향에 가본 적이 있다.
③ Mr. Hong has been to Vietnam before.
   홍 씨는 전에 베트남에 가본 적이 있다.
④ I was walking along the river when it began to rain.
   비가 오기 시작했을 때 나는 강가를 따라 걷고 있었다.
⑤ She will have finished painting the wall by tomorrow.
   그녀는 내일이면 벽을 칠하는 것을 끝내게 될 것이다.

16 통합유형 기출응용 서울 00중 3학년

다음 중 빈칸에 들어갈 말로 알맞지 않은 것은?

a. He's been __①__ TV all day.
b. Some houses were __②__ by the flood.
c. The road will __③__ fixed as soon as possible.
d. They were seen __④__ money from the bank.
e. The product must __⑤__ checked before it is delivered.

① watching   ② destroyed
③ being   ④ stealing
⑤ be

17

다음 대화의 빈칸에 들어갈 말로 알맞은 것은?

A: I felt worse when I woke up this morning.
B: _____ a doctor yesterday.

① You can see
② You may see
③ You must see
④ You should have seen
⑤ You cannot have seen

18 통합유형 기출응용 대전 00중 3학년

다음 중 어법상 옳지 않은 것은?

Ms. Smith ① has worked at the NE Market since 2002. When she was a salesclerk, most customers were satisfied ② with her service. So she ③ was promoted to sales manager in 2012. She ④ will have worked at the NE Market for 20 years next month. She ⑤ cannot be the most diligent worker at the NE Market.

19 통합유형

다음 밑줄 친 부분을 어법상 바르게 고치지 않은 것은?

① I have visited Osaka in 2018.
   → visited
② The children were taken care by the teachers.
   → taken care of
③ She has playing tennis since 4 p.m.
   → has been played
④ Mr. Wang is known by his generous personality.
   → for
⑤ You have to be Mary. Nice to meet you!
   → must

20 [통합유형] [기출응용] 서울 00중 3학년

다음 중 어법상 옳지 않은 것을 <u>모두</u> 고르시오. (2개)

① Patrick cannot have said such a stupid thing.
② You'd better careful when you cross the street.
③ The patient was made to eat soup.
④ This movie will be loving by little kids.
⑤ She had arrived home before the rain started.

서 · 술 · 형

21 [기출응용] 서울 00중 3학년

다음 글을 읽고 주어진 단어를 활용하여 문장을 완성하시오.

> We often make a V shape with our fingers when we take pictures. But it is an inappropriate gesture in some countries.

→ You _____ _____ _____ careful when you make a V shape in some countries. (better, be)

22 [기출응용] 파주 00중 3학년

다음 능동태 문장을 수동태 문장으로 바꿔 쓰시오.

1) Helen turned off the light.
   → _____

2) They believe that red beans scare away evil spirits.
   → Red beans _____.
   → It is _____.

23 [기출응용] 서울 00중 3학년

다음 두 문장을 의미가 같은 한 문장으로 만드시오.

> He started looking for his wallet 30 minutes ago.
> He is still looking for it.

→ He _____ _____ _____
_____ his wallet for 30 minutes.

24 [기출응용] 서울 00중 3학년

다음 우리말과 일치하도록 주어진 단어와 알맞은 조동사를 활용하여 문장을 완성하시오.

1) 내 여자친구는 예전에는 생머리였지만, 지금은 곱슬거리는 머리이다. (have)
   → My girlfriend _____ _____ _____ straight hair, but now she has curly hair.

2) 나는 TV를 보느니 차라리 라디오를 듣겠다. (listen)
   → I _____ _____ _____ to the radio than watch TV.

25 [통합유형] [기출응용] 서울 00중 3학년

다음 중 어법상 옳지 <u>않은</u> 것을 모두 찾아 바르게 고치시오. (2개)

> a. He has just finished his work.
> b. This necklace is made of gold.
> c. Biology is teaching to us by Ms. Lee.
> d. He would be smart when he was little.

01

다음 빈칸에 들어갈 말로 알맞은 것은?

> Judy was made _____ a glass of milk by her mom.

① drank
② drink
③ to drink
④ drinking
⑤ to drinking

02

다음 주어진 우리말을 영어로 바르게 옮긴 것은?

> 그가 그 프랑스 영화를 봤을 리가 없다.

① He should not have watched the French film.
② He must have watched the French film.
③ He may not have watched the French film.
④ He cannot have watched the French film.
⑤ He had better not watch the French film.

03

다음 대화의 빈칸에 들어갈 말로 알맞은 것은?

> A: Is it still raining?
> B: Yes, it is. _____ since yesterday.

① It rained
② It is raining
③ It was raining
④ It has been raining
⑤ It had been raining

04

다음 우리말과 일치하도록 빈칸에 들어갈 말로 알맞은 것은?

> 피아노를 치지 않는 게 좋겠어. 늦었잖니.
> → You _____ play the piano. It's late.

① would not
② don't have to
③ may not
④ had better not
⑤ used not to

[05-06] 다음 밑줄 친 부분이 어법상 옳지 <u>않은</u> 것을 고르시오.

05

① I <u>have never met</u> the family next door.
② We <u>will have finished</u> the project by June.
③ Nathan <u>has visited</u> Shanghai when he was 9.
④ The building <u>has been</u> under construction for a year.
⑤ Emily and Fred <u>haven't talked</u> to each other since yesterday.

06

① There <u>used to be</u> a small temple here.
② You <u>don't have to</u> make a reservation.
③ You <u>had better to</u> stop playing online games.
④ Sandra <u>cannot be</u> late. She left home early.
⑤ You <u>should turn off</u> your cell phone in the theater.

07 기출응용 대전 00중 3학년

> a. You _____ walk across the frozen lake. It's dangerous.
> b. I lost my hat. I _____ left it at the mall.

① may   –   should have
② have to   –   may have
③ should not   –   must have
④ must   –   cannot have
⑤ must not   –   should have

08 통합유형

> a. She is on holiday. She has _____ to Jejudo.
> b. There is a lot of traffic on the roads. I _____ have taken the subway.

① been – may   ② been – could
③ gone – must   ④ gone – should
⑤ gone – can't

09

> My parents have been married for 15 years.

① We have heard this story before.
② I have just arrived at the airport.
③ They have gone to Africa to do research.
④ Have you ever read the book *Mockingjay*?
⑤ She has suffered from a toothache since last Monday.

10

> Mr. Clay may be in his office now.

① May I use the phone?
② You may go home if you want to.
③ You may eat ice cream after dinner.
④ Excuse me, may I join you for a moment?
⑤ I have a meeting. I may be late this evening.

11

다음 빈칸에 들어갈 말이 나머지와 다른 것은?

① A letter was sent _____ him by Kelly.
② French was taught _____ me by Mr. Green.
③ A tie was given _____ her boyfriend by her.
④ The salt was brought _____ me by the waiter.
⑤ This book was bought _____ Andy by his parents.

12

다음 능동태 문장을 수동태 문장으로 바꾼 것 중 옳지 <u>않은</u> 것은?

① I saw her cross the road.
   → She was seen to cross the road by me.
② She is knitting a sweater for the baby.
   → A sweater is being knit for the baby.
③ They made the robot walk and dance.
   → The robot was made walk and dance by them.
④ Many students look up to Professor Grey.
   → Professor Grey is looked up to by many students.
⑤ Westerners believe that Friday the 13th is unlucky.
   → Friday the 13th is believed to be unlucky by Westerners.

13 기출응용 대전 00중 3학년

A: Honey, did you clean the kitchen?
B: Yes, I did.
A: How about the living room?
B: 그것은 Jenny에 의해 청소되고 있는 중이에요.

① It is cleaned by Jenny.
② It was cleaned by Jenny.
③ It is being cleaned by Jenny.
④ It was being cleaned by Jenny.
⑤ It will be cleaned by Jenny.

14

A: Ezra, why don't we take an art class together?
B: I'm not interested in art. 난 미술 수업을 듣느니 차라리 사회학 수업을 들을래.

① I will take a sociology class not an art class.
② I should take a sociology class than an art class.
③ I used to take a sociology class than an art class.
④ I must take a sociology class than an art class.
⑤ I would rather take a sociology class than an art class.

15 기출응용 서울 00중 3학년

다음 중 빈칸에 쓰이지 않는 것은?

a. This clothing is made _____ silk.
b. I'm concerned _____ the final exam.
c. The room was already filled _____ smoke.
d. Jeonju is known _____ its *bibimbap*.

① of   ② about   ③ at
④ with   ⑤ for

16 기출응용 부산 00중 3학년

다음 중 어법상 옳지 않은 것은?

I ① have lived in England since I was 15. I ② graduated from the London International School. I ③ have learned English and Spanish when I was in school. So I can speak two languages. ④ I'm studying engineering in college now, and I ⑤ will have finished my master's degree by 2023.

17 통합유형

다음 빈칸에 공통으로 들어갈 말로 알맞은 것은?

a. John didn't come to the meeting. He must _____ about it.
b. I _____ my password three times since I joined this website.

① forget   ② will forget
③ have forgotten   ④ had forgotten
⑤ will have forgotten

18 통합유형

다음 중 우리말 해석이 옳지 않은 것은?

① I would rather sleep than go to the movie.
나는 잠을 자느니 차라리 영화를 보러 가겠다.
② We will have finished the work by 2 p.m.
우리는 오후 두 시까지는 그 일을 모두 끝내게 될 것이다.
③ I would have a cup of coffee every day.
나는 매일 커피 한 잔을 마시곤 했다.
④ She has been wearing glasses since she was eight.
그녀는 여덟 살 때부터 안경을 쓰고 있다.
⑤ I had never gone scuba diving before I went to Cuba last year.
작년에 쿠바에 가기 전까지 나는 한 번도 스쿠버 다이빙을 해 본 적이 없었다.

19 통합유형 기출응용 천안 00중 3학년

다음 중 어법상 옳지 <u>않은</u> 문장의 개수는?

> a. You must get up early tomorrow.
> b. She was seen laughing with her friends.
> c. The presentation will give by Dr. Joyce.
> d. The director has been filmed his new movie
> for six months.

① 0개   ② 1개   ③ 2개   ④ 3개   ⑤ 4개

20 통합유형

다음 중 어법상 옳은 것끼리 바르게 짝지어진 것은?

> a. Heidi has tried *samgyetang* three months ago.
> b. We have been waiting for the bus for an hour.
> c. Your name will be called after a few minutes.
> d. She remembered that she has met him before.

① a, b   ② a, d   ③ b, c   ④ b, d   ⑤ c, d

서 · 술 · 형

[21-22] 다음 우리말과 일치하도록 주어진 단어를 활용하여 문장을 완성하시오.

21

> 내가 역에 도착했을 때, 그 열차는 이미 떠났다. (leave)

→ The train _____ _____ already when I arrived at the station.

22

> 아이스하키는 캐나다의 몬트리올에서 시작되었다고 믿어진다.
> (believe)

→ _____ _____ _____
ice hockey began in Montreal, Canada.

23 기출응용 광주 00중 3학년

다음 두 문장을 주어진 단어를 활용하여 한 문장으로 쓰시오.
(10단어)

> Diana started to work at the restaurant two years ago.
> She's still working there.

→ _____

_____ (work)

24 기출응용 전북 00중 3학년

다음 주어진 〈조건〉에 맞게 우리말을 영어로 옮기시오.

> 〈조건〉
> · 알맞은 조동사와 동사 take를 활용할 것
> · 과거의 일에 대한 후회를 나타낼 것

> 그녀는 런던으로 가는 마지막 기차를 탔어야 했다.

→ She _____ _____ _____ the last train to London.

25

다음 표를 보고, 〈예시〉와 같이 충고하는 문장을 완성하시오.

Linda	She doesn't go to bed early.
Noah	He doesn't listen to his friends' advice.
Jennifer	She drinks too much coffee.

> 〈예시〉
> Linda <u>had better go to bed early</u>.

1) Noah _____.

2) Jennifer _____.

모의고사 1회		
번호	**문항별 출제 포인트**	**O / X / △**
1	미래완료	
2	by 이외의 전치사를 쓰는 수동태	
3	조동사 would / would rather	
4	조동사 can	
5	진행형 수동태	
6	과거완료 / 4형식 문장의 수동태	
7	조동사 must / should	
8	지각·사역동사의 수동태	
9	수동태	
10	현재완료 진행형	
11	현재완료	
12	조동사	
13	과거완료 진행형	
14	by 이외의 전치사를 쓰는 수동태	
15	시제	
16	현재완료 진행형 / 수동태	
17	조동사 + have v-ed	
18	현재완료 / by 이외의 전치사를 쓰는 수동태 / 수동태 / 미래완료 / 조동사	
19	과거시제와 현재완료 / 동사구의 수동태 / 현재완료 진행형 / by 이외의 전치사를 쓰는 수동태 / 조동사	
20	조동사 / 수동태 / 과거완료	
21	조동사 had better	
22	수동태	
23	현재완료 진행형	
24	조동사	
25	현재완료 / 수동태 / 조동사	

모의고사 2회		
번호	**문항별 출제 포인트**	**O / X / △**
1	사역동사의 수동태	
2	조동사 + have v-ed	
3	현재완료 진행형	
4	조동사 had better	
5	현재완료 / 미래완료	
6	조동사	
7	조동사	
8	현재완료 / 조동사 + have v-ed	
9	현재완료	
10	조동사 may	
11	4형식 문장의 수동태	
12	수동태	
13	진행형 수동태	
14	조동사 would rather	
15	by 이외의 전치사를 쓰는 수동태	
16	시제	
17	조동사 + have v-ed / 현재완료	
18	조동사 / 미래완료 / 현재완료 진행형 / 과거완료	
19	조동사 must / 지각동사의 수동태 / 미래시제 수동태 / 현재완료 진행형	
20	과거시제와 현재완료 / 현재완료 진행형 / 미래시제 수동태 / 과거완료	
21	과거완료	
22	목적어가 that절인 문장의 수동태	
23	현재완료 진행형	
24	조동사 + have v-ed	
25	조동사 had better	

The best thing about the future is that it comes one day at a time.

미래의 가장 좋은 점은 한 번에 하루씩 온다는 것이다.

- Abraham Lincoln -

UNIT 02

to부정사, 동명사

A to부정사

1 명사적 용법

명사처럼 주어, 목적어, 보어 역할을 한다.

a 주어, 목적어, 보어 역할

It is not easy **to give** presentations. 〈주어 – 가주어 it〉
I found **it** interesting **to watch** videos on YouTube. 〈목적어 – 가목적어 it〉
My dream is **to travel** all around the world. 〈주격보어〉
I expect *you* **to come** to my birthday party. 〈목적격보어〉

b 의문사 + to부정사: 문장에서 주어, 목적어, 보어 역할을 하며 「의문사 + 주어 + should[can] + 동사원형」으로 바꿔 쓸 수 있다.

I haven't decided **where to go** on vacation.
= I haven't decided **where I should go** on vacation.

2 형용사적 용법

형용사처럼 (대)명사를 수식하거나 「be to-v」 형태로 주어를 설명한다.

a (대)명사 수식 → 의미상 to부정사구에 전치사가 필요한 경우 전치사를 빠뜨리지 않도록 유의한다.

Did you find someone **to talk** *with*?

b 「be to-v」 용법: 주어를 설명하여 예정, 가능, 의무, 운명, 의도 등의 뜻을 나타낸다.

They **are to be** married in May. 〈예정: ~할 예정이다〉
His old stuff **was to be** found in the garage. 〈가능: ~할 수 있다〉
You **are to wait** here until he returns. 〈의무: ~해야 한다〉
I **was** never **to see** her again. 〈운명: ~할 운명이다〉
You have to be diligent if you **are to succeed**. 〈의도: ~하려 하다〉

3 부사적 용법

부사처럼 동사, 형용사, 부사, 문장 전체를 수식하여 목적, 결과, 조건 등의 의미를 나타낸다.

The dancer went to Argentina **to learn** the tango. 〈목적: ~하기 위해서〉
The quiet girl grew up **to be** a model. 〈결과: ~해서 (결국) …되다〉
To hear her sing, you would think that she was a professional singer.
〈조건: ~한다면〉
I am sorry **to hear** you lost your job. 〈감정의 원인: ~해서〉
She must be stupid **to believe** that rumor. 〈판단의 근거: ~하다니〉
This lake is dangerous **to swim** in. 〈형용사 수식(한정)〉

4 to부정사의 의미상의 주어

to부정사의 행위를 하는 주체를 나타낸다. 대부분의 경우 의미상의 주어는 「for + 목적격」으로 나타내지만, 사람의 성격이나 성질에 대한 주관적 평가를 나타내는 형용사(kind, nice, rude, polite, clever 등)가 오는 경우에는 「of + 목적격」으로 쓴다.

It was *easy* **for her** to find Jake's house.
It was *nice* **of her** to give you a ride.

• 내신 빈출 문법

원형부정사
원형부정사를 목적격보어로 쓰는 동사들이 있다.

1) 사역동사(make, have, let)
He *made* his son **wash** the dishes.
He *had* his computer **fixed**.

 *have의 목적어와 목적격보어가 수동의 관계일 경우, 목적격보어로 과거분사를 쓴다.

cf. Dad *got* me **to bring** him his tie.
 *get은 to부정사를 목적격보어로 쓴다.

2) 지각동사
I *saw* her **play[playing]** the violin.

3) help + 목적어 + 원형부정사[to부정사]
This book will *help* him **make[to make]** better decisions.

5 to부정사를 이용한 구문

   a too + 형용사[부사] + to-v: 너무 ~해서 …할 수 없는
   (= so + 형용사[부사] + that + 주어 + can't[cannot] + 동사원형)
   I am **too tired to go** to the movies tonight.
   (= I am **so tired that I can't go** to the movies tonight.)

   b 형용사[부사] + enough + to-v: ~할 만큼 충분히 …한
   (= so + 형용사[부사] + that + 주어 + can + 동사원형)
   He's **smart enough to understand** the book.
   (= He's **so smart that he can understand** the book.)

   c seem to-v: ~인 것 같다
   She **seems to know** what to do next.
   (= **It seems that** she **knows** what to do next.)
      ↳ 「seem to-v」는 「It seems that ~」으로 고쳐 쓸 수 있다.
   He **seems to have lost** his car keys.
      ↳ to부정사의 시제가 문장의 시제보다 앞설 때 완료부정사(to have v-ed)를 쓴다.
   (= **It seems that** he **lost** his car keys.)

6 독립부정사

독립적인 뜻을 가진 to부정사로 문장 전체를 수식하는 부사의 역할을 한다.
Jay speaks Spanish fluently, **not to mention** English.

Ⓑ 동명사

1 동명사의 역할

동명사는 주어, 보어, 목적어 역할을 한다.
Smoking cigarettes is bad for your health. 〈주어〉
My favorite activity is **reading** comic books. 〈보어〉
I'm looking forward *to* **seeing** you. 〈전치사의 목적어〉
Would you mind me **closing** the windows? 〈동사의 목적어〉
    ↳ 동명사의 의미상의 주어는 동명사 앞에 소유격이나 목적격을 써서 나타낸다.

2 동명사의 시제와 수동태

   a 동명사의 시제: 동명사의 시제가 문장의 시제보다 앞설 때, 「having v-ed」 형태의 완료동명사를 쓴다. (시간상 전후 개념이 분명한 경우에는 완료동명사 대신 단순동명사를 쓰기도 한다.)
   I admit **having cheated** on the test.

   b 동명사의 수동태: 동명사가 나타내는 의미가 〈수동〉인 경우, 「being v-ed」를 쓴다. 동명사 시제가 문장의 시제보다 앞설 경우 「having been v-ed」를 쓴다.
   Jessica enjoyed **being asked** about her career.
   I remember **having been asked** to attend the ceremony.

3 동명사와 현재분사

동명사와 현재분사는 둘 다 v-ing의 형태이지만, 동명사는 명사 역할을, 현재분사는 형용사 역할을 한다는 점에서 다르다. 또한, 명사 앞에서 동명사는 명사의 용도나 목적을, 현재분사는 명사의 동작이나 상태를 나타낸다.
I was given a **sleeping** *pill* by a doctor. 〈동명사: ~을 위한, ~용의〉
That **sleeping** *baby* is adorable. 〈현재분사: ~하고 있는〉

---

to부정사의 시제와 수동태
1) 단순부정사(to-v): to부정사의 시제와 문장의 시제가 같은 경우에 쓴다.
She seems **to be** happy.

2) 완료부정사(to have v-ed): to부정사의 시제가 문장의 시제보다 앞선 경우에 쓴다.
He seems **to have been** ill.

3) 수동태(to be v-ed): to부정사의 수동태는 「to be v-ed」 형태로 쓴다.
This book needs **to be returned** by the 24th.

독립부정사
to be sure 확실히
to begin with 우선, 먼저
to be frank (with you) 솔직히 말하면
to tell the truth 사실대로 말하면
to make matters worse 설상가상으로
so to speak 말하자면, 즉
not to mention ~은 말할 것도 없이
strange to say 이상한 이야기지만
needless to say 말할 필요도 없이
to make a long story short 간단히 말하면

• 내신 빈출 문법
동명사 관용 표현
go v-ing: ~하러 가다
upon[on] v-ing: ~하자마자
be busy v-ing: ~하느라 바쁘다
be worth v-ing: ~할 가치가 있다
feel like v-ing: ~하고 싶다
(= would like to + 동사원형)
be used to v-ing: ~하는 것에 익숙하다
cf. be used to-v: ~하는 데 사용되다
    used to-v: ~하곤 했다, ~이었다
cannot help v-ing: ~하지 않을 수 없다
(= cannot (help) but + 동사원형)
look forward to v-ing: ~하기를 고대하다
spend + 시간[돈] + (on) v-ing: ~하는 데 시간[돈]을 쓰다
prevent[keep] + 목적어 + from v-ing: ~가 …하는 것을 막다
never ~ without v-ing: ~할 때마다 …하다
have difficulty[trouble] (in) v-ing: ~하는 데에 어려움을 겪다

4 to부정사와 동명사를 목적어로 쓰는 동사

a 목적어의 형태에 따라 의미 차이가 없는 동사: begin, start, continue, hate, like, love 등

You *love* **playing**[**to play**] soccer, don't you?

b 목적어의 형태에 따라 의미가 달라지는 동사

remember[forget] + 동명사: (과거에) ~했던 것을 기억하다[잊다]	
remember[forget] + to부정사: (앞으로) ~할 것을 기억하다[잊다]	
regret + 동명사: ~했던 것을 후회하다	try + 동명사: (시험삼아) ~해 보다
regret + to부정사: ~하게 되어 유감이다	try + to부정사: ~하려고 애쓰다[노력하다]

I still *remember* **going** on a date with you for the first time.
Remember **to bring** an umbrella. It's going to rain.

cf. stop + 동명사: ~하는 것을 멈추다
    stop + to부정사: ~하기 위해 멈추다 〈to부정사의 부사적 용법〉

to부정사를 목적어로 쓰는 동사
want, agree, decide, hope, expect, learn, pretend, promise, plan, refuse, wish, need

동명사를 목적어로 쓰는 동사
admit, avoid, deny, enjoy, finish, give up, imagine, mind, quit, keep, suggest, put off, consider

01

다음 빈칸에 들어갈 말로 알맞지 <u>않은</u> 것은?

> Jake is _____ to buy a used motorcycle.

① hoping　　　　② expecting
③ planning　　　④ refusing
⑤ considering

02

다음 빈칸에 들어갈 말이 나머지와 <u>다른</u> 것은?

① It was kind _____ her to help me.
② It is hard _____ me to understand him.
③ It was impolite _____ you to refuse her offer.
④ It was brave _____ you to catch the thief.
⑤ It was careless _____ him to lose his bag again.

[03-04] 다음 밑줄 친 부분의 쓰임이 나머지와 <u>다른</u> 것을 고르시오.

03 기출응용 서울 00중 3학년

① I'm sorry <u>to bother</u> you with the noise.
② The girl grew up <u>to be</u> a famous director.
③ We don't have time <u>to stop</u> for some tea.
④ She must be smart <u>to get</u> such good grades.
⑤ He went to Brazil <u>to buy</u> the best coffee beans.

04 기출응용 서울 00중 3학년

① The patients are sitting in the <u>waiting</u> room.
② Write down some words <u>beginning</u> with K.
③ She suggested <u>going</u> for a walk along the river.
④ <u>Reading</u> books can improve your writing skills.
⑤ The main activity of our club is <u>discussing</u> current issues.

[05-07] 다음 빈칸에 들어갈 말로 알맞은 것을 고르시오.

05

> Melissa was _____ to travel to India by herself.

① for brave　　　② to brave
③ enough brave　④ brave enough
⑤ so as brave

06

> Joyce makes her children _____ to bed before 10 p.m.

① go　　　　② goes
③ to go　　　④ going
⑤ went

07

> The doctor advised him _____ vitamins.

① take　　　　② took
③ taken　　　④ to take
⑤ taking

[08-09] 다음 빈칸에 들어갈 말로 바르게 짝지어진 것을 고르시오.

08 기출응용 대전 00중 3학년

a. It is _____ early to have breakfast now.
b. She won't let me _____ a pet.

① too – keep
② too – to keep
③ enough – keep
④ so – keeping
⑤ so – to keep

09

a. They're looking forward to _____ Vietnam again.
b. She never drinks coffee without _____ milk in it.

① visit – put
② visit – to put
③ visiting – put
④ visiting – to put
⑤ visiting – putting

10

다음 빈칸에 to를 쓸 수 없는 것은?

① They got him _____ answer the phone.
② He told me how _____ download the program.
③ She heard her son _____ go downstairs.
④ It is too cold _____ stay outside.
⑤ I didn't plan _____ have a birthday party.

11

다음 빈칸에 공통으로 들어갈 말로 알맞은 것은?

a. Anthony pretended _____ tired because he didn't want to go out.
b. You seem _____ very busy, but can you do me a favor?

① be
② to be
③ being
④ not to be
⑤ to not be

12

다음 주어진 문장의 밑줄 친 부분과 쓰임이 같은 것은?

I found it difficult to make new friends.

① We didn't buy the TV because it cost too much.
② I thought it necessary to study history.
③ How far is it from Incheon to Gwangju?
④ It was very cloudy, so I felt depressed.
⑤ It is interesting to learn foreign languages.

[13-14] 다음 주어진 우리말을 영어로 바르게 옮긴 것을 고르시오.

13

나는 그가 무대 위에서 기타를 연주하는 것을 상상할 수 없다.

① I can't imagine playing the guitar on stage.
② I can't imagine he playing the guitar on stage.
③ I can't imagine of him playing the guitar on stage.
④ I can't imagine him playing the guitar on stage.
⑤ I can't imagine for him to play the guitar on stage.

14

> 윤 씨는 젊었을 때 가난했었던 것 같다.

① Mr. Yoon seem to be poor in his youth.
② Mr. Yoon seemed to be poor in his youth.
③ Mr. Yoon seems to has been poor in his youth.
④ Mr. Yoon seems to have been poor in his youth.
⑤ Mr. Yoon seemed to have been poor in his youth.

15

다음 짝지어진 두 문장의 의미가 같지 <u>않은</u> 것은?

① He is too busy to clean his room.
  He is so busy that he cannot clean his room.
② He seems to regret his behavior.
  It seems that he regrets his behavior.
③ The man couldn't be found anywhere.
  The man was not to be found anywhere.
④ You must report this problem to Mr. Hall.
  You are to report this problem to Mr. Hall.
⑤ She is strong enough to climb the rock.
  She is so strong that she can't climb the rock.

[16-17] 다음 밑줄 친 부분이 어법상 옳지 <u>않은</u> 것을 고르시오.

16

① This shirt needs <u>to be washed</u>.
② They were never <u>to meet</u> again.
③ Would you help me <u>do</u> the dishes?
④ Helen decided <u>to eat</u> organic foods for her health.
⑤ She promised <u>visiting</u> her parents once a month.

17 통합유형

① They had their kids <u>to wear</u> helmets.
② Do you mind <u>me turning</u> on the light?
③ The actor enjoyed <u>being treated</u> like a star.
④ I'll get Toby <u>to move</u> the piano to the next room.
⑤ It is difficult <u>for my grandmother</u> to buy things online.

18 통합유형

다음 중 어법상 옳은 문장의 개수는?

> a. The child was afraid of be punished.
> b. We are looking forward to going to the concert.
> c. She seems to have heard the news last night.
> d. Jay is used to eat spicy food after he moved to Korea.

① 0개　　② 1개　　③ 2개　　④ 3개　　⑤ 4개

19 통합유형

다음 괄호 안에 들어갈 말로 바르게 짝지어진 것을 고르시오.

> (A) It is important [of / for] us to respect each other.
> (B) Stop [to text / texting] and focus on your studying.
> (C) I was surprised at [choosing / being chosen] as the Employee of the Month.

	(A)	(B)	(C)
①	of	to text	choosing
②	of	texting	being chosen
③	for	to text	choosing
④	for	texting	choosing
⑤	for	texting	being chosen

20 통합유형

다음 대화의 빈칸에 공통으로 들어갈 말로 알맞은 것은?

> A: I saw you _____ during the concert.
> B: Yeah. Classical music is boring. I couldn't help _____.

① sleep
② slept
③ to sleep
④ sleeping
⑤ will sleep

서 · 술 · 형

21 기출응용 서울 00중 3학년

다음 〈예시〉와 같이 주어진 단어를 활용하여 질문에 대한 답을 완성하시오.

> 〈예시〉
> Q: Why don't we play basketball?
> A: No, it's too late to play basketball. (late)

1) Q: Can four people sit on the sofa?
   A: I don't think so. It's _____ _____ for four people _____. (small)

2) Q: Can I drink this lemon tea now?
   A: No, it's _____ _____ _____ _____ right now. Please wait for a moment. (hot)

22 기출응용 서울 00중 3학년

다음 우리말과 일치하도록 주어진 단어를 활용하여 문장을 완성하시오.

> 내 생일을 기억하다니 넌 정말 친절했어.
> (thoughtful, remember)

→ It was _____.

23

다음 두 문장이 같은 뜻이 되도록 빈칸에 알맞은 말을 쓰시오.

1) She is sleeping late. I'm unhappy about it.
   → I'm unhappy about _____.

2) My daughter remembers that she visited her uncle a few years ago.
   → My daughter remembers _____ _____.

24 기출응용 서울 00중 3학년

다음 우리말과 일치하도록 〈보기〉의 단어를 활용하여 문장을 완성하시오.

〈보기〉	read	deny	steal	refuse

1) 그는 여전히 가게에서 돈을 훔친 것을 부인한다.
   → He still _____ _____ money from the store.

2) 그는 그 책을 읽기를 거부한다.
   → He _____ _____ _____ the book.

25

다음 글에서 어법상 옳지 않은 것을 모두 찾아 바르게 고치시오. (2개)

> Two weeks ago, a Japanese family moved next door. And I had difficulty to talk to them. So, nowadays I spend three hours study Japanese every day.

01 기출응용 서울 00중 3학년

다음 주어진 문장과 의미가 같은 것은?

> This shirt is too small for James to wear.

① This shirt is so small that James can wear it.
② This shirt is not small so that James can wear it.
③ This shirt is so small that James wears it.
④ This shirt is so small that James can't wear it.
⑤ This shirt is small enough for James to wear.

02

다음 빈칸에 들어갈 말로 알맞은 것은?

> We look forward to _____ you in person soon.

① meet   ② met
③ meeting   ④ have met
⑤ to meeting

[03-05] 다음 빈칸에 들어갈 말로 알맞지 <u>않은</u> 것을 고르시오.

03

> It was _____ of you to listen to his advice.

① nice   ② clever
③ stupid   ④ wise
⑤ necessary

04

> Mr. Cha _____ his child read a book before going to bed.

① let   ② had
③ got   ④ made
⑤ saw

05

> Do you mind _____ asking some questions?

① me   ② my
③ he   ④ him
⑤ them

[06-07] 다음 주어진 문장의 밑줄 친 부분과 쓰임이 같은 것을 고르시오.

06

> You'll find it easy <u>to use</u> this new copy machine.

① She does yoga regularly <u>to get</u> in shape.
② I am looking for someone <u>to paint</u> my house.
③ Autumn is the best season <u>to go</u> hiking in Korea.
④ Joshua planned <u>to get</u> a degree in economics.
⑤ The boy was never <u>to see</u> his parents again.

The teacher enjoys <u>telling</u> funny stories to us.

① Look at those <u>shining</u> stars!
② They liked the baby's <u>smiling</u> face.
③ He is <u>wrapping</u> a present for his son.
④ You should consider <u>changing</u> your job.
⑤ Please cover that <u>sleeping</u> boy with this blanket.

08

다음 우리말을 영어로 바르게 옮기지 <u>않은</u> 것은?

① 나는 아침식사로 빵을 먹는 것에 익숙하지 않다.
　→ I'm not used to eat bread for breakfast.
② 나는 의사가 된 것을 후회해 본 적이 없다.
　→ I have never regretted becoming a doctor.
③ 나는 지역 농장에서 나는 채소를 구입하려고 노력 중이다.
　→ I'm trying to buy vegetables from local farms.
④ 그 남자는 경찰에 잡히는 것을 피하기 위해 빠르게 달렸다.
　→ The man ran fast to avoid being caught by the police.
⑤ 내일 책 반납해야 할 것을 잊지 마.
　→ Don't forget to return the book tomorrow.

[09–10] 다음 대화의 빈칸에 들어갈 말로 알맞은 것을 고르시오.

09

A: Mom, I forgot _____ some eggs on my way home.
B: It's okay. I will go _____ for groceries this evening.

① buying – shop
② buying – shopping
③ buying – to shop
④ to buy – to shop
⑤ to buy – shopping

10 통합유형

A: I'm hungry enough _____ a horse.
B: I'm hungry, too. I feel like _____ steak.

① to eat – have
② to eat – to have
③ to eat – having
④ eating – to have
⑤ eating – having

11

다음 중 어법상 옳지 <u>않은</u> 것은?

① To tell the truth, I don't like Jack.
② The love story makes people cry.
③ Have you ever heard Jason to sing?
④ I got my friends to come to my home.
⑤ Needless to say, Nari is my best friend.

12

다음 짝지어진 두 문장의 의미가 같지 <u>않은</u> 것은?

① It is necessary to sign each page.
　To sign each page is necessary.
② I was too tired to get out of bed.
　I was so tired that I could get out of bed.
③ It seems that she was an English teacher.
　She seems to have been an English teacher.
④ He hasn't decided where to go next.
　He hasn't decided where he should go next.
⑤ Ian is rich enough to buy a building.
　Ian is so rich that he can buy a building.

13 기출응용 서울 00중 3학년

다음 중 문맥상 어색한 것은?

① Whenever the baby cries, I don't know what to do.
② Do you know how to turn off this machine?
③ Have you and Max decided where to meet?
④ Let me know when the game begins. I'll tell you how to leave home.
⑤ He seemed to be depressed. She didn't know what to say to him at that time.

[14-15] 다음 빈칸에 공통으로 들어갈 알맞은 것을 고르시오.

14

a. The man refused _____ his name.
b. I regret _____ that I can't go to the movie tonight.

① say
② to say
③ to be said
④ saying
⑤ having said

15

a. His mother got him _____ a helmet.
b. Students are _____ their uniforms at school.

① wear
② wearing
③ to wear
④ be wearing
⑤ to wearing

16

다음 밑줄 친 부분이 어법상 옳지 <u>않은</u> 것은?

When Cristina lived in Korea, she ① <u>liked watching</u> Korean dramas. At first she ② <u>had difficulty to understand</u> them. However, she ③ <u>spent a lot of time studying</u> Korean. Now she ④ <u>is used to watching</u> them without Spanish subtitles. And she is good at ⑤ <u>speaking</u> Korean too.

17

다음 빈칸에 **to**를 쓸 수 <u>없는</u> 것은?

① I pretended _____ like his food.
② It was fun _____ play with Mike.
③ She got her friends _____ move her desk.
④ His dog lived _____ be 17 years old.
⑤ His boss made him _____ meet the deadline.

18

다음 중 어법상 옳지 <u>않은</u> 문장의 개수는?

a. These fries are too salty for me to eat.
b. The CEO planned hiring more workers.
c. The old man seemed to need some help.
d. My parents don't let me go out late at night.

① 0개
② 1개
③ 2개
④ 3개
⑤ 4개

19 통합유형

다음 중 어법상 옳지 <u>않은</u> 것을 모두 고르시오. (2개)

① We hope to find a nice, cheap hotel in London.
② My dad had me bring his suitcase.
③ We expected win the final match.
④ I think you should avoid to eat junk food.
⑤ He should learn how to spend money wisely.

20 통합유형

다음 중 어법상 옳은 것끼리 바르게 짝지어진 것은?

a. I am sorry about your failing the test.
b. Have you found someone to work with?
c. She doesn't feel like to talk to me now.
d. I feel upset about not inviting to his party.
e. We found hard to trust the stranger.

① a, b ② a, c ③ a, d
④ b, d ⑤ d, e

서 · 술 · 형

21

다음 괄호 안의 말을 이용하여 문장을 완성하시오.

1) He forgot _____ the book last week.
   Now he has to pay a late fee. (borrow)

2) We've been driving for hours. Why don't we
   stop _____ some rest? (get)

22 통합유형

다음 대화에서 어법상 옳지 <u>않은</u> 것을 모두 찾아 바르게 고치시오.
(2개)

A: Dean, it's snowing a lot. I think it's too
   dangerous for you driving to work.
B: Really? What should I do?
A: I suggest to leave your car at home.

23 기출응용 서울 00중 3학년

다음 주어진 문장과 같은 뜻이 되도록 빈칸에 알맞은 말을 쓰시오.

1) It seemed that there was something wrong with
   the refrigerator.
   → There seemed _____ _____
   _____ _____ _____ _____
   _____.

2) I am ashamed that I danced on the stage
   yesterday.
   → I am ashamed of _____ _____
   _____ _____ _____ yesterday.

24 통합유형

다음 〈보기〉의 단어를 활용하여 글을 완성하시오.

〈보기〉 be   make   study   achieve

When I grow up, I want 1) _____ a doctor
because I want to help sick people. 2) _____
my dream, I will keep 3) _____ hard. Also,
I will volunteer at a hospital and take care of sick
people. I will try 4) _____ my dream come
true.

25

다음 주어진 단어를 활용하여 대화를 완성하시오.

A: Please _____
   late at night. My baby woke up and cried all
   night. (keep, your dog, bark)
B: Oh, I'm so sorry.

모의고사 1회			모의고사 2회		
번호	문항별 출제 포인트	O/X/△	번호	문항별 출제 포인트	O/X/△
1	to부정사를 목적어로 쓰는 동사		1	to부정사를 이용한 구문	
2	to부정사의 의미상의 주어		2	동명사 관용 표현	
3	to부정사의 부사적 용법		3	to부정사의 의미상의 주어	
4	동명사와 현재분사		4	원형부정사	
5	to부정사를 이용한 구문		5	동명사의 의미상 주어	
6	원형부정사		6	to부정사의 명사적 용법	
7	to부정사의 명사적 용법		7	동명사와 현재분사	
8	to부정사를 이용한 구문 / 원형부정사		8	동명사 관용 표현 / to부정사와 동명사를 목적어로 쓰는 동사 / 동명사의 수동태	
9	동명사 관용 표현		9	forget + to부정사[동명사] / 동명사 관용 표현	
10	to부정사 / 원형부정사		10	to부정사를 이용한 구문 / 동명사 관용 표현	
11	to부정사를 목적어로 쓰는 동사 / to부정사를 이용한 구문		11	독립부정사 / 원형부정사	
12	가목적어 it		12	가주어 it / to부정사를 이용한 구문 / 「의문사 + to부정사」	
13	동명사의 의미상의 주어		13	「의문사 + to부정사」	
14	to부정사를 이용한 구문		14	to부정사를 목적어로 쓰는 동사	
15	to부정사를 이용한 구문 / 「be to-v」 용법		15	원형부정사 / 「be to-v」 용법	
16	to부정사의 수동태 / 「be to-v」 용법 / 원형부정사 / to부정사를 목적어로 쓰는 동사		16	to부정사와 동명사를 목적어로 쓰는 동사 / 동명사 관용 표현 / 동명사의 역할	
17	원형부정사 / 동명사의 의미상의 주어 / 동명사의 수동태 / to부정사의 의미상의 주어		17	to부정사 / 원형부정사	
18	동명사의 역할 / 동명사 관용 표현 / to부정사를 이용한 구문		18	to부정사를 이용한 구문 / to부정사를 목적어로 쓰는 동사 / 원형부정사	
19	to부정사의 의미상의 주어 / 동명사를 목적어로 쓰는 동사 / 동명사의 수동태		19	to부정사, 동명사를 목적어로 쓰는 동사 / 원형부정사 / 「의문사 + to부정사」	
20	원형부정사 / 동명사 관용 표현		20	동명사의 의미상 주어 / to부정사 + 전치사 / 동명사 관용 표현 / 동명사의 수동태 / 가목적어 it	
21	to부정사를 이용한 구문		21	forget + 동명사[to부정사] / to부정사의 부사적 용법	
22	to부정사의 의미상의 주어		22	to부정사를 이용한 구문 / 동명사를 복적어로 쓰는 동사	
23	동명사의 의미상의 주어 / remember + 동명사[to부정사]		23	to부정사를 이용한 구문 / 동명사의 시제	
24	동명사를 목적어로 쓰는 동사 / to부정사를 목적어로 쓰는 동사		24	to부정사와 동명사를 목적어로 쓰는 동사 / to부정사의 부사적 용법	
25	동명사 관용 표현		25	동명사 관용 표현	

Self-confidence is the first requisite to great undertakings.

자신감은 위대한 과업의 첫째 요건이다.

- Samuel Johnson -

UNIT 03

분사, 비교

UNIT 03 | 분사, 비교

A 분사

분사
분사에는 현재분사(v-ing)와 과거분사
(v-ed)가 있으며 형용사 역할을 한다.

1 현재분사와 과거분사

a 현재분사(v-ing): ~하는, ~하고 있는 〈능동·진행〉

Look at that **barking** dog.

Add some salt to the **boiling** water.

b 과거분사(v-ed): ~된, ~한 〈수동·완료〉

Can you open the **locked** door?

The road is covered with **fallen** leaves.

2 분사의 역할

분사는 형용사처럼 명사를 수식하거나 주격보어 또는 목적격보어로 쓰인다.
↳ 이외에도 진행형, 수동형, 완료형을 만드는 데 쓰인다.

The boy discovered his **hidden** *talents*. 〈명사 수식〉

The girl **playing** basketball over there is my sister. 〈명사 수식〉
↳ 분사에 수식어가 붙어 길어지면 명사를 뒤에서 수식한다.

We have to remain **seated** until the airplane takes off. 〈주격보어〉

I saw *him* **walking** down the stairs. 〈목적격보어〉

Jane *had* her laptop **fixed**. 〈목적격보어〉
↳ 지각동사나 사역동사의 목적어와 목적격보어의 관계가
수동일 경우 과거분사를 쓴다.

· 내신 빈출 문법
감정을 나타내는 분사
boring(지루한) – bored(지루해 하는)
exciting(흥분하게 하는) –
excited(흥분한)
surprising(놀라게 하는) –
surprised(놀란)
embarrassing(당황스럽게 하는) –
embarrassed (당황한)
depressing(우울하게 하는) –
depressed(우울한)
confusing(혼란스럽게 하는) –
confused(혼란스러운)

3 감정을 나타내는 분사

'~한 감정을 유발하는'의 능동의 의미일 때는 현재분사를, '~한 감정을 느끼게 되는'의 수동의 의미일 때는 과거분사를 쓴다.

She told me a **surprising** story. 〈능동〉

Frightened people started to scream. 〈수동〉

4 분사구문

a 분사구문 만들기: ① 접속사 생략 ② 주절의 주어와 같은 부사절의 주어는 생략
③ 부사절의 시제가 주절의 시제와 같으면 부사절의 동사를 「v-ing」 형태로 바꾸기

As I live far away from my parents, I often miss them.
→ **Living** far away from my parents, I often miss them.

b 분사구문의 용법: 분사구문은 동시동작·연속동작, 시간·때, 원인·이유, 조건, 양보 등의 의미로 해석할 수 있다.

Finishing dinner, he went out for a walk. 〈시간·때〉

(← **After** he finished dinner, ...)

Having no classes today, I don't have to go to school. 〈원인·이유〉

(← **As** I have no classes today, ...)

Turning left, you can find the bookstore. 〈조건〉

(← **If** you turn left, ...)

분사구문의 부정형
분사구문을 만들 때, 부사절이 부정문인 경우 분사구문 앞에 부정어 not, never 등을 써서 부정형을 만든다.

Because I didn't have breakfast,
I felt hungry.
→ **Not having** breakfast, I felt
hungry.

5 분사구문의 다양한 형태

a 완료분사구문: 부사절의 시제가 주절의 시제보다 앞설 때, 부사절의 동사를 「having v-ed」 형태로 쓴다.

Having worked hard all day, I was very tired.
(← Since I **had worked** hard all day, ….)

b 수동분사구문: 부사절이 수동태일 때, 부사절의 동사를 「being[having been] v-ed」 형태로 쓴다. 이 때 being[having been]은 생략 가능하다.

(**Having been**) **Asked** to marry him, Joanna could hardly sleep.
(← Because Joanna **had been asked** to marry him, ….)

cf. (**Being**) **Unhappy** with the muffins, I started making new muffins.
↳「Being + 형용사」로 시작하는 분사구문에서 Being을 생략할 수 있다.

c with + (대)명사 + 분사: '~이 …한[된] 채로'라고 해석하며, (대)명사와 분사의 관계가 능동이면 현재분사를, 수동이면 과거분사를 쓴다.

I was reading a book **with** *my cat* **playing** by my side. 〈능동〉
My dogs came inside **with** *their legs* **covered** with mud. 〈수동〉

d 접속사가 있는 분사구문: 의미를 분명하게 하기 위해 접속사를 남겨두기도 한다.

While talking to his girlfriend, he felt much better.

e 독립분사구문: 부사절과 주절의 주어가 서로 다를 경우, 부사절의 주어를 분사구문의 주어로 남겨둔다.

The weather being cold, *she* closed the windows.

f 비인칭 독립분사구문: 분사구문의 주어가 one, you, we, they 등과 같이 막연한 일반인일 경우, 주어를 생략하고 하나의 숙어처럼 분사구문을 사용하기도 한다.

Generally speaking, females live longer than males.

여러 가지 비인칭 독립분사구문
generally speaking 일반적으로 말해서
frankly speaking 솔직히 말해서
strictly speaking 엄밀히 말해서
roughly speaking 대략적으로 말해서
compared with[to] ~와 비교하자면
judging from ~으로 판단하건대
considering (that) ~을 고려하면
supposing (that) 만일 ~라면
speaking[talking] of ~의 얘기가 나와서 말인데

B 비교

1 원급을 이용한 비교

a not + as[so] + 원급 + as: ~만큼 …하지 않은[않게]

This laptop is **not as light as** it looks.

b 배수사 + as + 원급 + as (= 배수사 + 비교급 + than): ~보다 몇 배 …한

This room is **three times as large as** mine.
= This room is **three times larger than** mine.
↳ 단 '두 배'는 주로 「twice + as + 원급 + as」의 형태로 쓴다.

c as + 원급 + as possible (= as + 원급 + as + 주어 + can): 가능한 한 ~하게

Please upgrade the system **as soon as possible**.
= Please upgrade the system **as soon as you can**.

2 비교급을 이용한 비교

a 비교급 + and + 비교급: 점점 더 ~한[하게]

Due to global warming, the earth is getting **warmer and warmer**.
Passing the exam is becoming **more and more difficult**.
↳ 비교급이 「more + 원급」 형태인 경우
「more and more + 원급」 형태로 쓴다.

비교급 강조
much, far, even, still, a lot 등을 비교급 앞에 써서 '훨씬 더 ~한[하게]'의 의미로 비교급을 강조할 수 있다. very는 비교급 강조를 위해 쓸 수 없다.

b the + 비교급~, the + 비교급…: ~하면 할수록 더 …한[하게]

The more you practice football, **the better** you'll play.

c which[who] ~ 비교급, **A or B?:** A와 B 중에서 어느 것이[누가] 더 ~한가?

Which city is **hotter**, Manila or Osaka?
Who is a **more talented** actor, Tom or Matt?

3 최상급을 이용한 비교

a the + 최상급 + 명사 (+ that) + 주어 + have ever v-ed: (주어가) 지금까지 ~한 것 중 가장 …한

This is **the roughest** road **I have ever driven** on.
You are **the most beautiful** girl **(that) I have ever seen.**

b one of the + 최상급 + 복수명사: 가장 ~한 …중 하나

Frida Kahlo is **one of the most famous female artists** of all time.

c 원급과 비교급을 이용한 최상급 표현

The Nile is **the longest** river in the world.
= The Nile is **longer than any other river** in the world.
= The Nile is **longer than all the other rivers** in the world.
= **No (other) river** in the world is **longer than** the Nile.
= **No (other) river** in the world is **as[so] long as** the Nile.

than 대신 to를 쓰는 비교급
superior to ~보다 우월한
inferior to ~보다 열등한
prior to ~보다 앞선, 먼저

They were far **inferior to** modern computers.

· 내신 빈출 문법

최상급을 나타내는 여러 표현
원급 또는 비교급을 사용하여 최상급의 의미를 나타낼 수 있다.

- 비교급 + than any other + 단수명사: 다른 어떤 …보다 더 ~한
- 비교급 + than all the other + 복수명사: 다른 모든 …보다 더 ~한
- No (other) + 단수명사 ~ 비교급 + than: 어떤 것[누구]도 …보다 더 ~하지 않은
- No (other) + 단수명사 ~ as[so] + 원급 + as: 어떤 것[누구]도 …만큼 ~하지 않은

[01-03] 다음 빈칸에 들어갈 말로 알맞은 것을 고르시오.

01

The woman _____ a black dress is my aunt.

① wears
② wore
③ worn
④ wearing
⑤ to wear

02

This remake is not as _____ as the original movie.

① good
② better
③ best
④ well
⑤ much better

03

My father came home with his hat _____ with snow.

① cover
② to cover
③ covering
④ covers
⑤ covered

04

다음 빈칸에 들어갈 말로 알맞지 않은 것은?

Nate is more _____ than his older brother.

① careful
② active
③ popular
④ strong
⑤ patient

05 기출응용 서울 00중 3학년

다음 밑줄 친 부분의 쓰임이 나머지와 다른 것은?

① <u>Being</u> known to every teacher in school, he tried to behave well.
② <u>Being</u> very sick, James was absent from work.
③ <u>Being</u> a good listener is usually more important than being a good speaker.
④ <u>Being</u> a morning person, Lance always woke up before 7 a.m.
⑤ <u>Being</u> tired, she went to bed early.

[06-07] 다음 빈칸에 들어갈 말로 바르게 짝지어진 것을 고르시오.

06 기출응용 창원 00중 3학년

a. I can't find anything with this _____ map!
b. Yumi eats too much when she is _____.

① confuse   – depress
② confusing – depressing
③ confusing – depressed
④ confused   – depressing
⑤ confused   – depressed

07

a. Josh finished his meal as quickly as _____.
b. _____ other child in this town is shorter than Mark.

① can – No
② soon – All
③ possible – No
④ possible – All
⑤ soon – Any

08

> Having failed the math exam, I had to retake the math class.
> → As I _____ the math exam, I had to retake the math class.

① fail
② fails
③ have failed
④ had failed
⑤ failing

09

> Matt is the tallest player on his team.
> → Matt is taller than _____ on his team.

① any other player
② all the other player
③ any other players
④ one of the players
⑤ no other players

10

다음 빈칸에 공통으로 들어갈 말로 알맞은 것은?

> a. The _____ you buy, the cheaper the price is per item.
> b. Han's restaurant has become _____ and _____ popular.

① many
② most
③ more
④ much
⑤ little

11

다음 괄호 안의 말을 활용하여 문장을 완성할 때 주어진 문장의 빈칸에 들어갈 말과 같은 것은?

> Jason is very _____ in Korean history. (interest)

① Is there something _____ to do?
② Dad thinks that golf is a very _____ sport.
③ Did you find any _____ pictures in the magazine?
④ Let me tell you some _____ stories.
⑤ His class is popular, so sign up early if you are _____.

12

다음 빈칸에 들어갈 말로 알맞지 <u>않은</u> 것을 모두 고르시오. (2개)

> The actor was _____ more handsome than I had imagined.

① much
② very
③ a lot
④ far
⑤ a lot of

13

다음 우리말과 일치하도록 빈칸에 들어갈 말로 알맞은 것을 모두 고르시오. (2개)

> 적절하게 쓰인다면, 항생제는 당신이 병으로부터 회복되도록 도울 수 있다.
> → _____, antibiotics can help you recover from illnesses.

① Used properly
② Using properly
③ Having used properly
④ If they are used properly
⑤ Being using properly

14

다음 주어진 문장과 의미가 같지 <u>않은</u> 것은?

> Sue is the oldest worker in the company.

① No other worker in the company is as old as Sue.

② Sue is one of the oldest workers in the company.

③ No other worker in the company is older than Sue.

④ Sue is older than any other worker in the company.

⑤ Sue is older than all the other workers in the company.

[15-16] 다음 밑줄 친 부분이 어법상 옳지 <u>않은</u> 것을 고르시오.

15 기출응용 서울 00중 3학년

① I found my daughter <u>cooking</u> spaghetti for us.

② <u>Having not</u> any food at home, we decided to eat out.

③ <u>Looking</u> out of the window, my dog started to bark.

④ <u>After taking</u> a shower, I drank a cup of water.

⑤ Most of the people <u>invited</u> to the wedding were his coworkers.

16 통합유형

① This is <u>the worst</u> soup I've ever eaten!

② No other <u>island</u> is as small as Bishop Island.

③ Nothing is <u>more important</u> than true friendship.

④ <u>Annoying</u> sounds bothered me during the movie.

⑤ The customer complained about the product with his arms <u>crossing</u>.

[17-18] 다음 중 어법상 옳은 것을 모두 고르시오. (2개)

17 통합유형

① This horror story was frightened.

② Being confused, he asked for an explanation.

③ I was listening to music with the radio turn on.

④ Mr. Murphy's heart pounded fast and fast as she approached.

⑤ Having checked in at the hotel, we went out to have dinner.

18 통합유형

① Your smartphone is superior than mine.

② My new car is far better than my old one.

③ Using every day, this towel was worn out.

④ Not knowing where I was, I started to walk.

⑤ James is the most funny man that I have ever met.

19 통합유형

다음 중 어법상 옳은 것끼리 바르게 짝지어진 것은?

> a. Stand on one leg with your eyes closed.
> b. While talking on the phone, she surfed the Internet.
> c. The little paper you use, the more trees you will save.
> d. The doctor treats her patients as more kindly as she can.
> e. Eating popcorn, Andrew watched a movie.

① a, b, c   ② a, b, e   ③ b, c, d

④ b, d, e   ⑤ c, d, e

44

20 통합유형

다음 중 어법상 옳은 문장의 개수는?

a. Your skin feels soft than mine.
b. His room is twice as large as mine.
c. Speak as quietly as possible in the library.
d. I saw a plane flying over the mountain.
e. I had my shoes repaired.

① 1개　　② 2개　　③ 3개　　④ 4개　　⑤ 5개

서·술·형

21 기출응용 서울 00중 3학년

다음 밑줄 친 부사절을 분사구문으로 바꾸어 쓰시오.

1) After he had finished dinner, he took a shower.
　→ _____, he took a shower.

2) As I didn't know what to do, I just stood there.
　→ _____, I just stood there.

22 기출응용 대전 00중 3학년

다음 우리말과 일치하도록 주어진 말을 바르게 배열하여 문장을 완성하시오.

네가 더 많은 논쟁에서 이길수록 더 적은 친구를 갖게 될 것이다.
(the fewer / will / arguments / you / the more / win / friends / have / you)

→ _____

23

다음 두 문장의 내용과 일치하도록 주어진 단어를 활용하여 빈칸을 완성하시오.

Hotel A is $25 per night. Hotel B is $75 per night.

→ Hotel B is _____ _____ _____
_____ than Hotel A. (times, expensive)

24

다음 밑줄 친 부분이 어법상 맞으면 O, 틀리면 X 표시하고 바르게 고치시오.

1) My sister had her smartphone steal. (　)

2) Tteokbokki is one of the most popular snack in Korea. (　)

3) The singer has become more and more famous since he won a Grammy. (　)

25

다음 두 문장이 같은 뜻이 되도록 괄호 안의 지시대로 문장을 다시 쓰시오.

1) Normally, cloth bags are lighter than leather bags.
　→ Normally, leather bags are _____ cloth bags. 〈원급 사용〉

2) No other month of the year is shorter than February.
　→ February is _____ of the year. 〈최상급 사용〉

[01-02] 다음 빈칸에 들어갈 말로 알맞은 것을 고르시오.

01

His girlfriend is _____ older than him.

① the
② more
③ much
④ very
⑤ little

02

The more it snowed, _____ the traffic moved.

① slow
② slower
③ the slower
④ slowest
⑤ the slowest

03

다음 주어진 문장의 밑줄 친 부분과 의미가 같은 것은?

Feeling hungry, he decided to order some pizza.

① Although he felt hungry
② If he felt hungry
③ Since he felt hungry
④ Though he felt hungry
⑤ Unless he felt hungry

04 기출응용 서울 00중 3학년

다음 주어진 우리말을 영어로 바르게 옮기지 <u>않은</u> 것은?

Jim은 우리 반에서 가장 키가 큰 소년이다.

① Jim is the tallest boy in my class.
② No other boy in my class is taller than Jim.
③ No boy in my class is so tall as Jim.
④ Jim is not as tall as other boys in my class.
⑤ Jim is taller than any other boy in my class.

[05-06] 다음 문장을 분사구문으로 바르게 전환한 것을 고르시오.

05

As I didn't know what to say, I just smiled at her.

① Knowing not what to say, I just smiled at her.
② Not knowing what to say, I just smiled at her.
③ Doing not know what to say, I just smiled at her.
④ Having not known what to say, I just smiled at her.
⑤ Being not known what to say, I just smiled at her.

06

As it was windy outside, we decided to stay home.

① Windy outside, we decided to stay home.
② Being windy outside, we decided to stay home.
③ Having windy outside, we decided to stay home.
④ It being windy outside, we decided to stay home.
⑤ Having been windy outside, we decided to stay home.

07

다음 표의 내용과 일치하지 <u>않는</u> 것은?

Toaster A	Toaster B	Toaster C
$25	$50	$75

① Toaster A is the cheapest of the three.
② Toaster A is not as expensive as toaster B.
③ Toaster B is half as expensive as toaster C.
④ Toaster B is more expensive than toaster A and cheaper than toaster C.
⑤ Toaster C is three times more expensive than toaster A.

08

다음 밑줄 친 분사구문을 부사절로 바꾼 것 중 옳지 <u>않은</u> 것은?

① Be careful <u>when driving</u>.
  → when you are driving
② <u>Being unemployed</u>, he felt really depressed.
  → Since he was unemployed
③ My brother cut himself <u>shaving off his beard</u>.
  → while he was shaving off his beard
④ <u>Left alone</u>, the boy began to cry.
  → Since he is left alone
⑤ <u>Having already read the book</u>, I didn't want to read it again.
  → As I had already read the book

09

다음 우리말을 영어로 바르게 옮기지 <u>않은</u> 것은?

① 나는 그에 대해서 알면 알수록, 그 사람이 더욱 좋아진다.
  The more I know about him, the more I like him.
② Terry는 그의 반의 다른 어떤 소년보다 더 재미있다.
  Terry is more fun than any other boys in his class.
③ 그것은 세계에서 가장 바쁘고 큰 공항 중 하나이다.
  It is one of the busiest and biggest airports in the world.
④ 그들은 그들이 가진 것보다 훨씬 더 많은 돈을 필요로 한다.
  They need far more money than they have.
⑤ 그 초록색 가방은 하얀색 가방보다 두 배 더 비싸다.
  The green bag is twice as expensive as the white one.

[10-11] 다음 빈칸에 들어갈 말로 바르게 짝지어진 것을 고르시오.

10 기출응용 인천 00중 3학년

a. I was so _____ that I fell asleep before dinner.
b. She is one of the most _____ people I've ever met.

① tired – bore
② tiring – boring
③ tiring – bored
④ tired – boring
⑤ tired – bored

11

a. _____ to her husband, she started to talk.
b. _____ bitten by insects, I felt itchy.

① Turn – Be
② Turning – Having been
③ Turned – Being
④ Turning – Be
⑤ Turned – Having been

12 기출응용 천안 00중 3학년

다음 밑줄 친 부분의 쓰임이 나머지와 <u>다른</u> 것은?

① The taxi <u>taking</u> us to the hotel broke down.
② Who are those people <u>wearing</u> orange vests?
③ Joel gave up <u>teaching</u> himself Korean.
④ I was woken up by the doorbell <u>ringing</u> loudly.
⑤ Jack gave me some chocolate <u>containing</u> peanuts.

13

다음 중 문장의 의미가 나머지와 <u>다른</u> 것은?

① Seoul is the most crowded city in Korea.
② No city in Korea is more crowded than Seoul.
③ All the other cities in Korea are as crowded as Seoul.
④ Seoul is more crowded than any other city in Korea.
⑤ Seoul is more crowded than all the other cities in Korea.

14 기출응용 부산 00중 3학년

다음 우리말과 일치하도록 주어진 단어를 배열할 때, 2번째와 5번째 오는 말로 바르게 짝지어진 것은?

> Daniel은 어젯밤 피곤해서 평소보다 일찍 잠자리에 들었다.
> → Daniel was feeling tired last night, so
> (usual, to, than, he, bed, earlier, went).

① went – than
② went – usual
③ bed – earlier
④ went – earlier
⑤ bed – than

15

다음 빈칸에 공통으로 들어갈 말로 알맞은 것은?

> a. _____ in Cambodia, I called my tour guide.
> b. The café is open 24 hours for hotel guests _____ late at night.

① Arriving[arrived]
② Arrived[arriving]
③ Arriving[arriving]
④ Arrived[arrived]
⑤ To arrive[to arrive]

[16-18] 다음 밑줄 친 부분이 어법상 옳지 <u>않은</u> 것을 고르시오.

16 통합유형 기출응용 광주 00중 3학년

① Anyone <u>touching</u> my computer will be in trouble.
② You can find <u>even nicer</u> restaurants downtown.
③ The hotel was <u>not as nice as</u> it looked in the photo.
④ I'm really <u>excited</u> about going to Brazil this summer.
⑤ Sarah showed me some photos <u>taking</u> on her wedding day.

17 통합유형

① I usually sleep <u>more than</u> six hours.
② Your English is getting <u>better and better</u>.
③ <u>After finished</u> my homework, I went outside.
④ I left my house with all the lights <u>turned</u> on.
⑤ He slammed the door, <u>making</u> a loud noise.

18 통합유형

> ① <u>Looking</u> at the photo on the menu, my friend and I ordered burgers. However, we were ② <u>disappointed</u> by the fact that our burgers were different from the ones in the photo. Also, they were ③ <u>a lot smaller</u> than we expected. We called the waiter and complained. The waiter said, "Photos always look ④ <u>best than</u> the real thing." I think that the closer the food looks to the food in the photo, ⑤ <u>the happier</u> the customers will be.

19 통합유형

다음 중 어법상 옳은 것끼리 바르게 짝지어진 것은?

> a. Lift your legs as high as you can.
> b. The new theater is three times bigger than the old one.
> c. Who are those kids run in the playground?
> d. Found a place to stay, we looked for a place to eat.

① a, b
② a, c
③ b, c
④ b, d
⑤ c, d

20 통합유형

다음 중 어법상 옳지 <u>않은</u> 문장의 개수는?

> a. In music, *accelerando* means you need to play faster and faster.
> b. Depressing animals refuse to eat or move.
> c. Jamie seems to be the happiest man in the world.
> d. Michael plays better than any other player on his team.

① 0개　　② 1개　　③ 2개　　④ 3개　　⑤ 4개

서 · 술 · 형

21

다음 우리말과 일치하도록 주어진 단어를 활용하여 문장을 완성하시오.

1) 네가 더 늦게 떠날수록 날은 더 어두워질 것이다.
   (late, dark)
   → _____ _____ you leave, _____ _____ it will be.

2) 나는 가능한 한 길게 머리를 기를 것이다. (long)
   → I will let my hair grow _____ _____ _____ _____ _____.

22

다음 상황에서 할 수 있는 말을 주어진 단어와 최상급 표현을 써서 완성하시오.

1) You are eating cake with your sister. It tastes really good. (good, cake, taste)
   → "This is _____ _____ _____ I've ever _____."

2) You've just watched a movie with your friend. It was really boring. (boring, movie, see)
   → "That was _____ _____ _____ I've ever _____."

23

다음 우리말과 일치하도록 주어진 단어를 바르게 배열하시오.

1) Patrick은 멀리서 자기 이름이 불리는 것을 들었다.
   (his, Patrick, called, heard, name)
   → _____ in the distance.

2) 너는 Lisa에게 말을 하고 있는 저 남자를 아니?
   (the, know, man, do, talking, to, you)
   → _____ Lisa?

24 기출응용 서울 00중 3학년

다음 〈조건〉에 맞게 우리말을 영어로 옮기시오.

> 〈조건〉
> · 분사를 이용할 것
> · 단어 follow, want, late를 쓸 것

1) Tiffany는 그녀의 개가 그녀를 따라오도록 한 채 공원을 걸었다.
   → Tiffany walked in the park _____ _____ _____ _____.

2) 지각하고 싶지 않아서 우리는 버스정류장으로 뛰었다.
   → _____ _____ _____ _____ _____, we ran to the bus stop.

25

다음 밑줄 친 부사절을 분사구문으로 바꿔 쓰시오.

1) <u>Because I was embarrassed</u>, I covered my face.
   → _____, I covered my face.

2) <u>As the road was blocked</u>, I had to go another way.
   → _____, I had to go another way.

UNIT 03 분사, 비교

학습 확인표

모의고사 1회		
번호	문항별 출제 포인트	O / X / △
1	현재분사	
2	원급을 이용한 비교	
3	with + (대)명사 + 분사	
4	비교급을 이용한 비교	
5	현재분사와 동명사	
6	감정을 나타내는 분사	
7	원급, 최상급을 이용한 비교	
8	완료분사구문	
9	비교급을 이용한 최상급 표현	
10	비교급을 이용한 비교	
11	감정을 나타내는 분사	
12	비교급 강조	
13	수동분사구문	
14	원급과 비교급을 이용한 최상급 표현	
15	현재분사와 과거분사 / 분사구문	
16	비교 / 감정을 나타내는 분사 / with + (대)명사 + 분사	
17	감정을 나타내는 분사 / 분사구문 / 비교급을 이용한 비교	
18	비교 / 분사구문	
19	분사구문 / 원급, 비교급을 이용한 비교	
20	원급, 비교급을 이용한 비교 / 현재분사와 과거분사	
21	분사구문	
22	비교급을 이용한 비교	
23	원급을 이용한 비교	
24	분사 / 비교급, 최상급을 이용한 비교	
25	비교	

모의고사 2회		
번호	문항별 출제 포인트	O / X / △
1	비교급 강조	
2	비교급을 이용한 비교	
3	분사구문	
4	원급과 비교급을 이용한 최상급 표현	
5	분사구문	
6	독립분사구문	
7	비교	
8	분사구문	
9	비교	
10	감정을 나타내는 분사	
11	분사구문	
12	현재분사와 동명사	
13	원급과 비교급을 이용한 최상급 표현	
14	비교급을 이용한 비교	
15	분사구문 / 현재분사와 과거분사	
16	분사 / 비교	
17	비교급을 이용한 비교 / 분사구문 / with + (대)명사 + 분사	
18	분사구문 / 감정을 나타내는 분사 / 비교	
19	비교 / 현재분사와 과거분사 / 분사구문	
20	비교 / 감정을 나타내는 분사	
21	원급, 비교급을 이용한 비교	
22	최상급을 이용힌 비교	
23	분사	
24	분사구문	
25	분사구문	

Success is not the key to happiness. Happiness is the key to success.
If you love what you are doing, you will be successful.

성공은 행복의 열쇠가 아니다. 행복은 성공의 열쇠다. 당신이 하고 있는 일을 사랑한다면 성공할 것이다.

- Albert Schweitzer -

UNIT 04

접속사, 관계사

UNIT 04 | 접속사, 관계사

A 접속사

1 부사절을 이끄는 종속접속사

a 시간

when(~할 때), as(~할 때, ~하면서), while(~하는 동안에), before(~전에), after(~후에), until[till](~할 때까지), as soon as(~하자마자)

When I *get* home, I will call you.
James made breakfast **while** I was sleeping.
Before we start the class, I have something to announce.
Sam will go on vacation **after** he *finishes* this project.
We will wait here **until** she *comes*. ⟶ 시간의 부사절에서는 현재시제가 미래시제를 대신한다.
As soon as we *find* a good actor, we'll start shooting.

b 이유 · 결과

because[as/since](~이기 때문에), so ~ that(너무 ~해서 …하다)

I didn't enjoy the trip **because** the weather was awful.
As[Since] it rained a lot, we had to stay home all weekend.
Jessica was **so** sick **that** she couldn't walk straight.

c 양보

although[though](비록 ~이지만), while(~이지만; 반면), even if(만약 ~일지라도)

Although[Though] she has a car, she always uses mine.
While he is not Japanese, he speaks Japanese well.
She is going to buy the bag **even if** it is expensive.

d 조건

if(만일 ~라면[한다면]), unless(만약 ~가 아니라면[하지 않는다면] = if ~ not)

If you *need* money, I will lend you some. ⟶ 조건의 부사절에서는 현재시제가 미래시제를 대신한다.
My son won't go to sleep **unless** I *tell* him a story.
(= My son won't go to sleep **if** I **don't** tell him a story.)

e 목적

so that ~(~하기 위해, ~하도록 = in order that ~)

Please speak loudly **so that** I can hear you.
(= Please speak loudly **in order that** I can hear you.)

종속접속사
부사절을 이끌어 시간, 이유·결과, 양보, 조건, 목적 등의 의미를 나타내거나 명사절을 이끌어 문장 내에서 주어, 목적어, 보어의 역할을 한다.

> **· 내신 빈출 문법**
> 접속사 vs. 전치사
> 종속접속사 뒤에는 「주어 + 동사」의 절이, 전치사 뒤에는 명사(구)가 온다.
>
> Harry was late **because** *he woke up late*. 〈접속사 + 절〉
> Harry was late **because of** *the traffic*. 〈전치사 + 명사〉
> I bought a bottle of water **while** *I was waiting for the train*.
> 〈접속사 + 절〉
> The park is not open **during** *winter*. 〈전치사 + 명사〉
> **Although[Though]** *he was injured*, he ran the race to the end. 〈접속사 + 절〉
> **Despite** *his injury*, he still insists on attending every practice.
> 〈전치사 + 명사〉

2 명사절을 이끄는 종속접속사

a that: ~라는 것

That nobody got hurt in that accident is amazing. 〈주어〉
(= *It* is amazing **that** nobody got hurt in that accident.)

가주어 it

I can't believe (**that**) she is just 15. 〈목적어〉

목적어를 이끄는 종속접속사 that은 생략할 수 있다.

The point is **that** we shouldn't waste our resources. 〈보어〉

b if[whether] ... (or not): ~인지 (아닌지)

Whether[if] or not she comes to the party is not important. 〈주어〉

whether와 or not은 붙여 쓸 수 있지만, if와 or not은 붙여 쓰지 않는다.

I don't know **whether[if]** this is the right direction (**or not**). 〈목적어〉

The question is **whether[if]** the product is safe (**or not**). 〈보어〉

if가 이끄는 명사절은 원칙적으로 주어나 보어 역할을 할 수 있지만, 일반적이지 않다.

3 상관접속사

형태	의미
both A and B	A와 B 둘 다
not only A but also B (= B as well as A)	A 뿐만 아니라 B도
either A or B	A 또는 B
neither A nor B	A도 B도 아닌

Both my boyfriend **and** I *are* tennis players.
Elizabeth is **not only** pretty **but also** kind.
(= Elizabeth is kind **as well as** pretty.)
You can choose **either** coffee **or** tea.
Neither my sister **nor** I *am* good at playing the piano.

상관접속사
두 단어 이상이 서로 짝을 이루어 쓰이는 접속사로, 주어로 쓰일 경우 동사의 수 일치에 주의해야 한다. both A and B는 복수 취급하며 나머지는 모두 B에 동사의 수를 맞춘다.

4 간접의문문

의문문이 문장의 일부로 쓰인 경우를 간접의문문이라고 한다. 간접의문문은 문장 내에서 명사의 역할을 한다.

a 의문사가 있는 경우: 「의문사 + 주어 + 동사」의 어순으로 쓴다. 의문사가 주어일 때는 「의문사 + 동사」의 어순으로 쓴다.

Do you remember? + When is her birthday?
→ Do you remember **when her birthday is**?
Please tell me. + Who made you angry?
→ Please tell me **who made** you angry.

b 의문사가 없는 경우: 「whether[if] + 주어 + 동사」의 어순으로 쓴다.

I want to know. + Is the rumor true?
→ I want to know **whether[if] the rumor is** true.
I'm not sure. + Does he come from China?
→ I'm not sure **whether[if] he comes** from China.

B 관계사

1 관계대명사

The novel is interesting. + I bought the novel yesterday.
→ The novel **that** I bought yesterday is interesting.

선행사	주격	목적격	소유격
사람	who, that	who(m), that	whose
사물, 동물	which, that	which, that	whose / of which
선행사 포함	what	what	-

I have a pen **which** was made in Japan. 〈주격〉
Sonia heard the song **that** her father composed. 〈목적격〉
They know that girl **whose** hair is blond. 〈소유격〉
What he bought for me was a bunch of flowers. 〈주격〉
  └→ 관계대명사 what은 선행사를 포함하며 the thing(s) that[which]으로 바꿔 쓸 수 있다.

a 전치사와 관계대명사: 관계대명사가 전치사의 목적어 역할을 할 때, 전치사는 관계대명사의 앞이나 관계대명사절의 끝에 온다. 단, 관계대명사 that은 전치사 바로 뒤에 쓸 수 없다.

I'm looking for friends **whom** I can get along *with*.
= I'm looking for friends *with* **whom** I can get along.
            └→ 전치사 뒤에는 목적격, 관계대명사 whom 대신 who를 쓸 수 없다.
I found a nice hotel **that** I can stay *at*.
[I found a nice hotel at that I can stay.]

b 관계대명사의 생략: 목적격 관계대명사와 「주격 관계대명사 + be동사」는 생략 가능하다. 「주격 관계대명사 + be동사」가 생략되면 뒤의 형용사구나 분사구가 앞의 명사(선행사)를 수식하는 것으로 볼 수 있다.

I wore a sweater (**that**) my mother made. 〈목적격 관계대명사 생략〉
She bought a pair of shoes (**which were**) made in France.
〈「주격 관계대명사 + be동사」 생략〉   └→ 뒤에 분사나 형용사(구)가 올 때 생략 가능하다.
He's the man *with* **whom** I fell in love.
        └→ 「전치사 + 관계대명사」의 순서로 쓰인 경우에는 목적격, 관계대명사를 생략할 수 없다.

2 관계부사

She visited the city. + Her best friend lived in that city.
→ She visited the city **where** her best friend lived.

선행사	관계부사
the time, the day, the moment 등 시간을 나타내는 말	when
the place, the city, the house 등 장소를 나타내는 말	where
the reason 등 이유를 나타내는 말	why
the way 등 방법을 나타내는 말	how

Do you remember *the moment* **when** we first met?
This is *the house* **where** Shakespeare was born.
Tell me *the reason* **why** you didn't show up.
I want to know **how**[the way] he earns money.
[I want to know the way how he earns money.]
        └→ 관계부사 how는 선행사와 함께 쓰지 않고,
           how 또는 the way 둘 중 하나만 쓴다.

관계대명사
「접속사 + 대명사」의 역할을 하며 앞에 있는 선행사(명사)를 수식한다. 관계대명사절 내의 관계대명사의 역할에 따라 격이 정해진다.

관계대명사 that을 주로 쓰는 경우
선행사가 〈사람 + 사물〉, 〈사람 + 동물〉의 혼합인 경우, 선행사에 최상급, 서수, the only, the very, every, all 등이 포함된 경우, 선행사가 -thing으로 끝나는 부정대명사일 경우 주로 관계대명사 that을 쓴다.

관계부사
「접속사 + 부사」의 역할을 하며 관계부사가 이끄는 절은 선행사를 수식한다.

・ 내신 빈출 문법
관계부사와 선행사의 생략
선행사가 time, place, reason 등의 일반적인 명사일 때 선행사 혹은 관계부사 둘 중 하나를 생략해서 쓸 수 있다.

I don't know **the reason** (**why**) she is angry with me.
I don't know (**the reason**) **why** she is angry with me.

3 관계사의 계속적 용법

관계사절이 선행사에 대한 부가적인 정보를 제공할 때 쓴다. 관계사 앞에 콤마(,)를 써서 계속적 용법임을 나타낸다.

a 관계대명사의 계속적 용법: 관계대명사 that은 계속적 용법으로 쓰지 않으며, 계속적 용법으로 쓰인 관계대명사는 생략할 수 없다. 계속적 용법의 관계대명사는 「접속사 + 대명사」로 바꿔 쓸 수 있다.

I called Jamie, **who** didn't answer the phone.
(= I called Jamie, *but he* didn't answer the phone.)
He bought a new digital camera, **which** was made in China.
(= He bought a new digital camera, *and it* was made in China.)
I came home late, **which** made my mom angry. 〈앞의 절 전체가 선행사〉
Some kids *avoid eating vegetables*, **which** is not good for their health.
〈avoid eating vegetables가 선행사〉

> 계속적 용법으로 쓰인 관계대명사 which는 앞의 절 전체 또는 일부 내용을 선행사로 하기도 한다.

b 관계부사의 계속적 용법: 관계부사 where와 when만 계속적 용법으로 쓸 수 있으며 「접속사 + 부사」로 바꿔 쓸 수 있다.

I visited the White House, **where** I saw the president.
(= I visited the White House, and there I saw the president.)
She tried to visit me yesterday, **when** I wasn't at home.
(= She tried to visit me yesterday, but at that time I wasn't at home.)

4 복합관계사

a 복합관계대명사

복합관계대명사	명사절	양보의 부사절
whoever	~하는 사람은 누구나 (anyone who)	누가 ~하더라도 (no matter who)
whichever	~하는 것은 어느 것이든 (anything which)	어느 것을 ~하더라도 (no matter which)
whatever	~하는 것은 무엇이든 (anything that)	무엇을 ~하더라도 (no matter what)

Whoever comes early should open the doors. 〈명사절〉
= *Anyone who*
I will be happy **whoever** wins the race. 〈양보의 부사절〉
　　　　　= *no matter who*
The results will be same **whichever** you choose. 〈양보의 부사절〉
　　　　　　= *no matter which*
You can wear **whatever** you want on Halloween. 〈명사절〉
　　　　　= *anything that*

복합관계대명사
「관계대명사 + -ever」의 형태로 명사절 또는 부사절을 이끈다.

b 복합관계부사

복합관계부사	시간, 장소의 부사절	양보의 부사절
whenever	~할 때는 언제든지 (any time (that) / at any time)	언제 ~하더라도 (no matter when)
wherever	~하는 곳은 어디든지 (at[in/to] any place (that))	어디서 ~하더라도 (no matter where)
however	-	아무리 ~하더라도 (no matter how)

She cries **whenever** she reads his letter. 〈시간의 부사절〉
　　　　= *any time (that)*
I'll run to you **whenever** you call me. 〈양보의 부사절〉
　　　　= *no matter when*
We can go **wherever** we want. 〈장소의 부사절〉
　　　　= *to any place (that)*
We can access the Internet **wherever** we are. 〈양보의 부사절〉
　　　　= *no matter where*
However hard I tried, I couldn't pass the exam. 〈양보의 부사절〉
= *No matter how*

복합관계부사
「관계부사 + -ever」의 형태로 부사절을 이끈다. 복합관계부사는 〈시간, 장소의 부사절〉이나 〈양보의 부사절〉로 해석할 수 있다.

시험일　　월　　일　｜　소요시간　　분　｜　채점　　/25개

01

다음 주어진 우리말을 영어로 바르게 옮긴 것은?

아무리 피곤하더라도 나는 일을 계속해야 한다.

① Whatever tired I am, I have to keep working.
② Wherever tired I am, I have to keep working.
③ However tired I am, I have to keep working.
④ Whenever tired I am, I have to keep working.
⑤ Whoever tired I am, I have to keep working.

[02-04] 다음 빈칸에 들어갈 말로 알맞은 것을 고르시오.

02

I liked _____ Mom gave me for my birthday.

① it   ② which
③ whose   ④ whom
⑤ what

03 기출응용 익산 00중 3학년

He will call me after he _____ his homework.

① finish   ② finishes
③ finished   ④ will finish
⑤ had finished

04

I have a lizard _____ tail is five inches long.

① which   ② who
③ that   ④ what
⑤ whose

05

다음 괄호 안에 들어갈 말로 바르게 짝지어진 것은?

(A) The game continued [despite / though] the rain.
(B) Try to listen carefully [during / while] others are talking.
(C) [Because / Because of] the heavy snow, the subway service was stopped.

	(A)	(B)	(C)
①	despite	– during –	Because
②	despite	– while –	Because
③	despite	– while –	Because of
④	though	– during –	Because of
⑤	though	– while –	Because

06

다음 빈칸에 들어갈 말로 바르게 짝지어진 것은?

a. Ryan helped the man _____ leg was broken.
b. Katherine lost her passport, _____ ruined her trip.

① who – that   ② whose – which
③ whose – that   ④ whom – that
⑤ whom – which

다음 밑줄 친 부분의 쓰임이 나머지와 다른 것은?

① I'm not certain if she is single.
② He didn't know if there was a meeting.
③ I don't care if the weather is good or not.
④ I'm not sure if he is from America or not.
⑤ Join our club if you want to learn Russian.

08

다음 밑줄 친 부분을 생략할 수 있는 것을 모두 고르시오. (2개)

① This is a car which was made in 1910.
② He is the man whose wife is a scientist.
③ I bought the same perfume that Susan used to wear.
④ Leo is the actor who played Romeo in the movie.
⑤ Amy is the person with whom I share my office.

09

다음 우리말을 영어로 바르게 옮기지 않은 것은?

① 너는 네가 원하는 언제든 체육관에 와도 된다.
   → You can come to the gym whenever you want.
② 나는 하와이에 갔는데, 그곳에서 Green 씨를 처음 만났다.
   → I went to Hawaii, which I first met Mr. Green.
③ 내 오래된 카메라를 원하는 누구든 그것을 가져가도 된다.
   → Whoever wants my old camera can take it.
④ Taylor는 그의 할아버지 것이었던 만년필을 갖고 있다.
   → Taylor has a fountain pen which was his grandfather's.
⑤ 그는 시 몇 편을 올렸는데, 그것이 그를 유명하게 만들었다.
   → He posted some poems, which made him popular.

10

다음 두 문장을 한 문장으로 만든 것으로 알맞은 것은?

> Do you know? + How did he escape from jail?

① Do you know he escaped from jail?
② Do you know did he escape from jail?
③ Do you know how he escaped from jail?
④ Do you know how did he escape from jail?
⑤ Do you know whether he escaped from jail?

11

다음 빈칸에 들어갈 말이 나머지와 다른 것은?

① _____ happened to us was unbelievable.
② He has a radio _____ is not working.
③ These pants are _____ I want to buy.
④ Some people are not satisfied with _____ they have.
⑤ _____ I like about him is that he is gentle.

12 기출응용 서울 00중 3학년

다음 중 어법상 옳지 않은 것을 모두 고르시오. (2개)

① Both Henry and Sue enjoy swimming.
② He plays the violin as well as the piano.
③ Neither my mother or my father is at home.
④ Not only I but also my sister like cooking.
⑤ We will play baseball either on Saturday or on Sunday.

13 통합유형

다음 짝지어진 두 문장의 의미가 같지 <u>않은</u> 것은?

① I will meet not only James but also Dorothy.
   I will meet Dorothy as well as James.
② I don't like how he treats other people.
   I don't like the way he treats other people.
③ You can't download the file unless you log in.
   You can't download the file if you log in.
④ I went to see Lily, who wasn't at home.
   I went to see Lily, but she wasn't at home.
⑤ People didn't believe whatever he said.
   People didn't believe anything that he said.

14 기출응용 대전 00중 3학년

다음 빈칸에 들어갈 말로 알맞지 <u>않은</u> 것은?

Can I ask _____?

① who is he
② what is happening
③ when her birthday is
④ where the post office is
⑤ whether she will come here

15

다음 표의 내용과 일치하도록 빈칸에 들어갈 말로 알맞은 것은?

Amy's Afternoon Schedule					
	Mon	Tue	Wed	Thu	Fri
football club	O			O	
piano lesson	O	O		O	

Dave: How about having dinner together this
   week?
Amy: That sounds great!
Dave: What day is good for you?
Amy: ____ _____ is okay with me.

① Both Monday and Wednesday
② Not only Tuesday but also Friday
③ Either Wednesday or Friday
④ Neither Tuesday nor Wednesday
⑤ Friday as well as Monday

[16-17] 다음 빈칸에 공통으로 들어갈 말로 알맞은 것은?

16

a. You can sleep _____ I drive.
b. I am too short, _____ you are too tall.

① unless   ② because   ③ that
④ while   ⑤ whether

17 통합유형

a. You are the only person _____ understands me.
b. Can you believe _____ he is 90 years old?

① what   ② who   ③ which
④ that   ⑤ whether

18 통합유형

다음 주어진 문장의 밑줄 친 부분과 쓰임이 <u>다른</u> 것은?

<u>When</u> she was young, she worked at the library.

① Come down to the hall <u>when</u> I call you.
② <u>When</u> I see her again, I will ask her name.
③ June 3 is the date <u>when</u> my son was born.
④ Lily feels nervous <u>when</u> she is in a dark place.
⑤ Please call me <u>when</u> you arrive at the station.

19 통합유형

다음 밑줄 친 부분이 어법상 옳지 <u>않은</u> 것을 모두 고르시오. (2개)

① Andy drank coffee, <u>that</u> kept him awake all night.
② Both Tom and Amy <u>are</u> web designers.
③ I will interview Mr. Kim after he <u>comes back</u> from Africa.
④ Look at the man and the dog <u>that</u> are running along the river!
⑤ He is the type of person with <u>that</u> I want to get along.

20 통합유형

다음 중 어법상 옳은 문장의 개수는?

a. Do you think what the most common Korean food is?
b. She has a guitar who was made in Japan.
c. Either you or Dr. Kim have to perform the surgery.
d. You can get some rest whenever you feel tired.

① 0개　　② 1개　　③ 2개　　④ 3개　　⑤ 4개

서·술·형

21 기출응용 서울 00중 3학년

다음 주어진 두 문장을 한 문장으로 만드시오.

1) I know a café. + You can have the tastiest coffee at the café.
   → I know _____
   _____ .

2) They live in a house. + Its door is painted blue.
   → They live in _____ .

22 기출응용 천안 00중 3학년

다음 우리말과 일치하도록 빈칸에 알맞은 말을 쓰시오.

1) 나는 그 가게가 문을 닫았는지 안 닫았는지 모른다.
   → I don't know _____ the store is closed.

2) 너는 그녀가 언제 돌아올 거라고 생각하니?
   → _____ _____ _____
   she will come back?

23 기출응용 서울 00중 3학년

다음 우리말과 일치하도록 주어진 말을 바르게 배열하여 문장을 완성하시오.

비가 너무 많이 와서 나는 밖에 나갈 수 없었다.
(so, I, was, couldn't, that, go out, heavy)

→ The rain _____ .

24 기출응용 서울 00중 3학년

다음 〈조건〉에 맞게 우리말을 영어로 옮기시오.

〈조건〉
· 관계부사를 쓸 것
· Halloween, wear, funny costumes를 쓸 것
· 9단어로 문장을 완성할 것

할로윈은 아이들이 재미있는 복장을 입는 날이다.

→ _____

25

다음 대화에서 어법상 옳지 않은 것을 모두 찾아 바르게 고치시오.

A: Do you know what did Joy last night?
B: I saw her having dinner with a guy who I don't know. I think he is her boyfriend.
A: Do you mean the man who is standing by her now?
B: Oh, yes! He's the man that I saw last night!
A: He is Joy's brother. People are sometimes confused because of they don't look alike.

01

다음 문장에서 생략할 수 있는 부분은?

It is a classic dessert that is made with cream, milk, sugar, and vanilla.

① that
② a classic dessert
③ It is
④ that is
⑤ is made

02 기출응용 서울 00중 3학년

다음 빈칸에 들어갈 말로 알맞지 <u>않은</u> 것은?

Can you tell me what _____?

① his job was
② her name is
③ should I do
④ this sign means
⑤ made Ted upset

[03-05] 다음 빈칸에 들어갈 말로 알맞은 것을 고르시오.

03 기출응용 익산 00중 3학년

She is looking for someone with _____ she can talk.

① that
② whom
③ which
④ who
⑤ what

04

On your birthday, you can invite _____ you want to your party.

① however
② whoever
③ whichever
④ wherever
⑤ whatever

05

Ted _____ drinks nor smokes because he cares about his health.

① both
② either
③ neither
④ not only
⑤ so

[06-07] 다음 주어진 우리말을 영어로 바르게 옮긴 것을 모두 고르시오. (2개)

06

나는 숲에서 하이킹 중이었는데, 그곳에서 나는 곰을 보았다.

① I was hiking in the woods, which I saw a bear.
② I was hiking in the woods, where I saw a bear.
③ I was hiking in the woods, when I saw a bear.
④ I was hiking in the woods, that I saw a bear.
⑤ I was hiking in the woods, and there I saw a bear.

07

네가 그녀에게 말하지 않으면, 그녀는 절대 진실을 알 수 없을 거야.

① She will never know the truth if you tell her.
② She will never know the truth if you tell her not.
③ She will never know the truth unless you tell her.
④ She will never know the truth if you don't tell her.
⑤ She will never know the truth even if you tell her.

08 통합유형 기출응용 서울 00중 3학년

① It was surprising <u>that</u> she became a writer.
② <u>That</u> he is only 20 years old is unbelievable.
③ It is the only song <u>that</u> he made in 1980s.
④ Isn't it amazing <u>that</u> apes can use tools like us?
⑤ It is obvious <u>that</u> he stole something from the safe.

09 통합유형

① <u>Where</u> do you think he was last night?
② He is living in the city <u>where</u> he was born.
③ Come to the gallery <u>where</u> I work on Sundays.
④ This is the temple <u>where</u> I stayed for a week.
⑤ I went to the island <u>where</u> the festival was held.

10

> a. _____ I felt hot, I turned on the air conditioner.
> b. I bit my nails _____ I waited for my name to be called.

① So[so]
② Unless[unless]
③ As[as]
④ Until[until]
⑤ Because[because]

11

> a. I went to Newark last Sunday, _____ is not far from New York.
> b. The wedding to _____ I was invited was held outside.

① that
② who
③ which
④ whose
⑤ whom

12 통합유형

다음 각 빈칸에 들어갈 말로 알맞지 <u>않은</u> 것은?

> a. Neither she nor I ___①___ a student.
> b. ___②___ doesn't wear a seat belt must pay a fine.
> c. Both Sam and Will ___③___ from Canada.
> d. Speedy delivery is the reason ___④___ I use this website.
> e. Jay released a new album, ___⑤___ includes five new songs.

① is
② Whoever
③ are
④ why
⑤ which

13 기출응용 서울 00중 3학년

다음 밑줄 친 부분의 의미가 나머지와 <u>다른</u> 것은?

① I like listening to music <u>while</u> I study.
② Don't move <u>while</u> I'm sketching your face.
③ Please take care of my dog <u>while</u> I'm away.
④ Toby is really shy, <u>while</u> his brother is outgoing.
⑤ Do not use your cell phone <u>while</u> you are driving.

14 기출응용 원주 00중 3학년

① 2007 is the year when my sister was born.
② Can you tell me the reason why you are late?
③ This is the place where you can see wild goats.
④ I remember the day my son walked for the first time.
⑤ He showed people the way how he solved the problem.

15

① Let me know if you need help.
② Where do you think I could buy a picnic mat?
③ The sunlight was so strong that I got a sunburn.
④ Your mom will be proud when she hears the news.
⑤ The police don't know when did the accident happen.

16

다음 빈칸에 들어갈 말로 바르게 짝지어진 것은?

> I went to a café _____ owner is my cousin. There were too many people there, _____ made me irritated.

① who – that
② whose – that
③ whose – which
④ whom – which
⑤ that – that

17 통합유형

다음 중 어법상 옳은 문장의 개수는?

> a. My sister which has two sons is 40 years old.
> b. Either she or you are telling a lie.
> c. I found a dog whose leg is broken.
> d. I bought a postcard, that was made in Korea.

① 0개   ② 1개   ③ 2개   ④ 3개   ⑤ 4개

18 통합유형 기출응용 대전 00중 3학년

다음 괄호 안에 들어갈 말로 바르게 짝지어진 것은?

> (A) [Though / Since] I don't agree with him, I think his idea is creative.
> (B) I'll be glad [anything that / no matter what] I get from him.
> (C) This is not [that / what] I expected.

	(A)	(B)	(C)
①	Though	anything that	what
②	Though	no matter what	that
③	Though	no matter what	what
④	Since	anything that	that
⑤	Since	no matter what	what

19 통합유형

다음 중 밑줄 친 부분을 생략할 수 <u>없는</u> 것은?

① I didn't know <u>that</u> she's Japanese.
② I gave her a plate <u>that</u> I made myself.
③ James is a true friend on <u>whom</u> I can rely.
④ This is the place <u>where</u> I used to spend time.
⑤ He read a book <u>which was</u> written in Russian.

20 통합유형

다음 중 어법상 옳은 것끼리 바르게 짝지어진 것은?

a. I will be happy if you will come to the party.
b. I wore the boots I bought last Friday.
c. Neither you nor he was honest.
d. The doctor asked me how did I feel.
e. We had to walk slowly because the snow.
f. Mom asked me whether or not I locked the door.

① a, b, d ② a, c, f ③ b, c, f
④ b, d, e ⑤ c, e, f

서 · 술 · 형

21

다음 우리말과 일치하도록 주어진 말을 활용하여 문장을 완성하시오.

1) 우리는 도서관까지 버스를 타거나 걸어갈 수 있다.
(take a bus, walk)
→ We can _____ _____ _____
_____ _____ _____ to the
library.

2) 그때 그녀가 거기에 있었는지 기억나지 않는다.
(there, at that time)
→ I don't remember _____ _____
_____ _____ _____ _____
_____ .

22 기출응용 서울 00중 3학년

다음 우리말과 일치하도록 주어진 단어를 활용하여 문장을 완성하시오.

그들이 뭐라고 말하더라도 너는 너 자신을 믿어야 한다.

→ _____ _____ _____, you should
believe in yourself. (say)

23

다음 〈보기〉에서 알맞은 접속사를 골라 문장을 완성하시오.

〈보기〉 that   if   while   so that   unless

1) The problem is _____ we don't have
enough room for everyone.

2) I wrote a letter _____ my sister was talking
on the phone.

3) My dogs won't bite you _____ you bother
them.

24 기출응용 서울 00중 3학년

다음 주어진 두 문장을 한 문장으로 만드시오. (관계부사는 생략하지 말 것)

1) Do you think? + When will the construction be
finished?
→ _____

2) They didn't say the reason. The school festival
was canceled for that reason.
→ _____
_____

25 통합유형

다음 중 어법상 옳지 않은 것을 모두 찾아 바르게 고치시오.

a. You can stay at my house whenever you visit
Paris.
b. The book that cover is dirty is mine.
c. I wore sunglasses because of the sunlight.
d. Summer is the time which it rains a lot.

UNIT 04 접속사, 관계사　　　　　　학습 확인표

모의고사 1회		
번호	문항별 출제 포인트	O / X / △
1	복합관계부사	
2	관계대명사 what	
3	시간 부사절의 시제	
4	소유격 관계대명사	
5	접속사와 전치사	
6	소유격 관계대명사 / 관계대명사의 계속적 용법	
7	종속접속사 if	
8	관계대명사의 생략	
9	복합관계사 / 관계사의 계속적 용법 / 관계대명사	
10	간접의문문	
11	관계대명사 what	
12	상관접속사	
13	상관접속사 / 관계부사 / 종속접속사 unless / 관계대명사의 계속적 용법 / 복합관계대명사	
14	간접의문문	
15	상관접속사	
16	종속접속사 while	
17	관계대명사 that / 종속접속사 that	
18	종속접속사 when / 관계부사 when	
19	관계대명사의 계속적 용법 / 상관접속사 / 시간 부사절의 시제 / 관계대명사 that / 전치사와 관계대명사	
20	간접의문문 / 관계대명사 / 상관접속사 / 복합관계부사	
21	관계부사 / 소유격 관계대명사	
22	간접의문문	
23	종속접속사 so ~ that	
24	관계부사 when	
25	간접의문문 / 전치사와 접속사	

모의고사 2회		
번호	문항별 출제 포인트	O / X / △
1	관계대명사의 생략	
2	간접의문문	
3	전치사와 관계대명사	
4	복합관계대명사	
5	상관접속사	
6	관계부사의 계속적 용법	
7	종속접속사 unless	
8	종속접속사 that / 관계대명사 that	
9	간접의문문 / 관계부사	
10	종속접속사 as	
11	관계대명사의 계속적 용법 / 전치사와 관계대명사	
12	상관접속사 / 복합관계대명사 / 관계부사 / 관계대명사의 계속적 용법	
13	종속접속사 while	
14	관계부사	
15	종속접속사 / 간접의문문	
16	소유격 관계대명사 / 관계대명사의 계속적 용법	
17	관계대명사 / 상관접속사	
18	종속접속사 / 복합관계대명사 / 관계대명사 what	
19	종속접속사 / 관계대명사의 생략 / 관계부사와 선행사의 생략	
20	조건 부사절의 시제 / 관계대명사의 생략 / 상관접속사 / 간접의문문 / 전치사와 접속사 / 종속접속사 whether	
21	상관접속사 / 간접의문문	
22	복합관계대명사	
23	종속접속사	
24	간접의문문 / 관계부사	
25	복합관계부사 / 소유격 관계대명사 / 접속사와 전치사 / 관계부사	

To become an able and successful man in any profession,
three things are necessary, nature, study, and practice.

어떤 분야에서든 유능하고 성공한 사람이 되기 위해서는 세 가지가 필요한데,

그것은 타고난 천성과 공부 그리고 노력이다.

- Henry Ward Beecher -

UNIT 05

가정법, 일치와 화법, 특수 구문

UNIT 05 | 가정법, 일치와 화법, 특수 구문

A 가정법

1 가정법 과거

「If + 주어 + 동사의 과거형, 주어 + 조동사의 과거형 + 동사원형」의 형태로, 현재 사실과 반대되는 일이나 실현 가능성이 없는 일을 가정할 때 쓰며, '(만약) ~라면, …할 텐데'라는 의미이다.

If I **were** a wizard, I **could turn** him into a frog.
  ↳ if절의 be동사는 주어의 인칭·수에 상관 없이 were를 쓴다.
(← As I am not a wizard, I can't turn him into a frog.)
Were I a wizard, I **could turn** him into a frog.
  ↳ if절의 동사가 were인 경우, if를 생략하고 주어, 동사를 도치하여 쓸 수 있다.

2 가정법 과거완료

「If + 주어 + had v-ed, 주어 + 조동사의 과거형 + have v-ed」의 형태로, 과거 사실과 반대되는 상황을 가정할 때 쓰며, '(만약) ~했더라면, …했을 텐데'라는 의미이다.

If they **had practiced** hard, they **could have won** the game.
(← As they didn't practice hard, they didn't win the game.)
Had they **practiced** hard, they **could have won** the game.
  ↳ if절의 조동사가 had인 가정법 과거완료에서는, if를 생략하고 주어, 동사를 도치하여 쓸 수 있다.

3 혼합 가정법

「If + 주어 + had v-ed, 주어 + 조동사의 과거형 + 동사원형」의 형태로, 과거에 실현되지 못한 일이 현재에 영향을 미칠 때 쓰며, '(과거에) 만약 ~했더라면 (현재에) …할 텐데'라는 의미이다.

If I **had booked** a ticket last week, I **would be** in the opera house now.
(← As I didn't book a ticket last week, I am not in the opera house now.)

4 I wish 가정법

a I wish + 가정법 과거: 「I wish + 주어 + 동사의 과거형」의 형태로, 현재 사실과 반대되는 일을 소망하거나, 현재의 일에 대한 유감을 나타낼 때 쓰며, '(현재에) ~하면[라면] 좋을 텐데'라는 의미이다.

I wish I **had** my own room.
(← I'm sorry that I don't have my own room.)

b I wish + 가정법 과거완료: 「I wish + 주어 + had v-ed」의 형태로, 과거 사실과 반대되는 일을 소망하거나, 과거의 일에 대한 유감을 나타낼 때 쓰며, '(과거에) ~했다면[였다면] 좋을 텐데'라는 의미이다.

I wish I **had** not **dropped** my smartphone on the floor.
(← I'm sorry that I dropped my smartphone on the floor.)

조건문과 가정법
조건을 나타내는 if절은 실현될 가능성이 있는 일을, 가정법은 실현될 가능성이 거의 없는 일을 말할 때 쓴다.

If I **have** his number, I **will call** him. 〈조건문〉
(그의 전화번호를 알고 있을 가능성이 어느 정도 있음)
If I **had** his number, I **would call** him. 〈가정법〉
(그의 전화번호를 알고 있지 않음)

접속사 if를 생략한 가정법 문장
if절의 동사가 were, had일 때 접속사 if를 생략할 수 있으며, 이때 주어와 동사의 위치가 바뀐다.

Were I you, I would take the offer. (← If I were you, ….)
Had we known about the festival, we would have gone there. (← If we had known about the festival, ….)

5 as if[though] 가정법

a as if[though] + 가정법 과거: 「as if[though] + 주어 + 동사의 과거형」의 형태로, 주절의 시제와 같은 시제의 일을 가정하며, '마치 ~인 것처럼'이라는 의미이다.

She acts **as if** she **were** the boss. 그녀는 마치 자기가 상사인 것처럼 행동한다.
She acted **as if** she **were** the boss. 그녀는 마치 자기가 상사인 것처럼 행동했다.

b as if[though] + 가정법 과거완료: 「as if[though] + 주어 + had v-ed」의 형태로, 주절의 시제보다 한 시제 앞선 일을 가정하며, '마치 ~였던 것처럼'이라는 의미이다.

He talks **as if** he **had known** her. 그는 그녀를 알았던 것처럼 말한다.
He talked **as if** he **had known** her. 그는 그녀를 알았던 것처럼 말했다.

6 Without[But for] 가정법

주절이 가정법 과거 형태로 쓰이면 '(현재에) ~이 없다면[아니라면] …할 것이다'의 의미를 나타내고, 가정법 과거완료 형태로 쓰이면 '(과거에) ~이 없었더라면[아니었더라면] …했을 것이다'라는 의미를 나타낸다. 가정법 과거 문장에서는 If it were not for를, 가정법 과거완료 문장에서는 If it had not been for를 대신한다.

Without technology, our lives **would be** uncomfortable. 〈가정법 과거〉
(← **If it were not for** technology, our lives would be uncomfortable.)
Without your help, I **couldn't have become** an actor. 〈가정법 과거완료〉
(← **If it had not been for** your help, I couldn't have become an actor.)

Ⓑ 일치와 화법

1 수 일치

a 단수 취급하는 경우

each, every, -thing, -one, -body ↳ each와 every는 「each/every + 단수명사」의 형태로 쓴다.	**Every** day *is* new and different. *Is* there **anything** I can do for you?
(복수형의) 학과명, 국가명	**Mathematics** *is* my favorite subject. **The Netherlands** *belongs* to the EU.
시간, 거리, 금액, 무게, 온도	**Five years** *is* not a short time. **Fifteen dollars** *was* my weekly allowance.
동명사구, to부정사구, 명사절	**Swimming** *is* my favorite activity. **To win the game** *is* our goal.

b 복수 취급하는 경우

(both) A and B	**Both** he **and** his wife *like* wine.
the + 형용사 (~한 사람들)	**The rich** *are* not always happy.
a number of + 복수명사 (많은~)	**A number of school events** *are* planned for October.

그 외에 단수 취급하는 경우
「A and B」가 한 가지 사물이나 개념을 나타내는 경우 단수 취급한다.

Cereal and milk *is* my favorite breakfast.

「the number of + 복수명사」는 '~의 수'라는 의미로 단수 취급한다.

The number of cars *rises* every year.

c 주의해야 할 수 일치

most, some, any, half, part, the rest, 분수, 퍼센트 등 + of + 명사: 명사가 단수면 단수 취급, 복수면 복수 취급	**Most of the people** *were* from foreign countries. **Half of the apple** *is* mine.
「all (of) + 단수명사」: 단수 취급 「all (of) + 복수명사」: 복수 취급	**All (of) the data** in the computer *was* gone. **All (of) the students** *have* left the school for a field trip.

2 시제 일치

a 시제 일치의 원칙: 주절의 시제가 현재일 때는 종속절에 모든 시제를 쓸 수 있다. 주절의 시제가 과거일 때는 종속절에 과거, 과거완료 시제를 쓴다.

주절의 시제	종속절의 시제
현재	I **think** that the restaurant *is* good. I **think** that the restaurant *was* good. I **think** that the restaurant *will be* good.
과거	I **knew** she *was* busy. I **knew** she *had been* busy. I **knew** she *would be* busy.

b 시제 일치의 예외: 종속절이 일반적 진리나 격언, 과학적 사실, 현재에도 지속되는 상태 및 습관을 나타낼 때는 주절의 시제와 상관없이 현재시제로 쓴다. 종속절이 과거의 역사적 사실이나 사건을 나타낼 때 주절의 시제와 상관없이 과거시제로 쓴다.

Copernicus first *insisted* that the earth **goes** around the sun.
〈과학적 사실〉
Our history teacher *taught* us that the Korean War **broke** out in 1950.
〈역사적 사실〉

3 화법

a 평서문의 직접화법 → 간접화법 전환

① 주절의 전달 동사 바꾸기 (say → say / say to → tell)
② 주절의 콤마와 인용 부호를 없애고 접속사 that 쓰기 (that은 생략 가능)
③ 종속절의 인칭대명사, 지시어, 부사(구) 및 동사를 문맥과 시제에 맞게 바꾸기

문장의 형태: say (+ that) + 주어 + 동사 / tell + 목적어 (+ that) + 주어 + 동사

Jay **said to** me, "I **met** my girlfriend yesterday."
→ Jay **told** me (that) he **had met** his girlfriend the previous day.

b 의문문의 직접화법 → 간접화법 전환

① 주절의 전달 동사 바꾸기 (say (to) → ask / ask → ask)
② 주절의 콤마와 인용 부호를 없애고 종속절에
　• 의문사가 있는 경우: 「의문사 + 주어 + 동사」
　• 의문사가 없는 경우 「if[whether] + 주어 + 동사」로 바꾸기
③ 종속절의 인칭대명사, 지시어, 부사(구) 및 동사를 문맥과 시제에 맞게 바꾸기

문장의 형태: ask (+ 목적어) + 의문사 + 주어 + 동사 〈의문사가 있는 경우〉
　　　　　　　ask (+ 목적어) + if[whether] + 주어 + 동사 〈의문사가 없는 경우〉

화법
다른 사람이 한 말을 따옴표를 사용하여 그대로 전달하는 직접화법과, 다른 사람의 말을 전달자의 입장에 맞게 바꿔서 전달하는 간접화법이 있다.

· 내신 빈출 문법
지시어와 부사(구)의 화법 전환
직접화법에서 간접화법으로 전환할 때, 종속절의 지시어와 부사(구)를 문맥에 맞게 바꾸어야 한다.

ago → before
here → there
today → that day
next → the following
now → then, at that time
this[these] → that[those]
tomorrow → the next day,
　　　　　　the following day
yesterday → the day before,
　　　　　　the previous day
last week[month/year] →
the previous week[month/year]

He **asked** me, "**Where is** the nearest pharmacy?"

→ He **asked** me **where** the nearest pharmacy **was**.

Jeff **asked** me, "Can you help me with my homework?"

→ Jeff **asked** me **if[whether]** I **could help** him with his homework.

c 명령문의 직접화법 → 간접화법 전환

① 주절의 전달 동사 바꾸기 (say (to) → ask, tell, advise, order 등)

② 주절의 콤마와 인용 부호를 없애고 종속절의 동사를 to-v로 바꾸기

③ 종속절의 인칭대명사, 지시어, 부사(구)를 문맥과 시제에 맞게 바꾸기

문장의 형태: tell[ask/order, advise] + 목적어 + to-v

Jessica **said to** me, "Close the window."

→ Jessica **told** me **to close** the window.

C 특수 구문

1 부정 표현

a 부분부정: '모두[항상] ~인 것은 아니다'라는 의미로 부분적인 부정을 나타내며 「not + all, every, always 등」의 형태로 쓴다.

I'm **not always** thinking about my girlfriend.

Not every country has its own language.

b 전체부정: '아무도[결코] ~하지 않다'라는 의미이며, no, none, neither 등을 써서 나타낸다.

None of my classmates have had the experience of going abroad.

Neither of us knew much about the American Civil War.

2 강조

a do 강조: 강조하고자 하는 동사 앞에 do동사(do, does, did)를 쓰고 뒤에는 동사원형을 써서 문장의 내용을 강조한다.

This fish *smells* odd.

→ This fish **does smell** odd.

I *enjoyed* watching the circus.

→ I **did enjoy** watching the circus.

b It is[was] ~ that 강조: 주어, 목적어, 부사(구) 등 강조하고자 하는 내용을 It is[was]와 that 사이에 넣어 강조한다. '~한 것은 바로 …이다'로 해석한다.

Jake lost his credit card at the gym.

→ **It** was *Jake* **that** lost his credit card at the gym. 〈주어 강조〉

→ **It** was *his credit card* **that** Jake lost at the gym. 〈목적어 강조〉

→ **It** was *at the gym* **that** Jake lost his credit card. 〈부사구 강조〉

3 도치

a 부정어 도치: 부정어를 강조하기 위해 문장 맨 앞에 쓴다. be동사나 조동사가 쓰인 경우는 「부정어(never, hardly, rarely, little 등) + be동사/조동사 + 주어」의 형태, 일반동사가 쓰인 경우는 「부정어 + do[does/did] + 주어 + 동사원형」의 형태로 쓴다.

Rarely *can* she spend time with her new roommate.
Little *does* he care about appearances.

b 장소·방향의 부사(구) 도치: 강조하고 싶은 부사(구)를 문장 맨 앞에 써서 「부사(구) + 동사 + 주어」의 순서로 쓴다.

From the garage *came* a noise.
Here *comes* my son.
Here he comes. [~~Here comes he.~~]
└→ 주어가 대명사인 경우에는 주어와 동사의 도치가 일어나지 않는다.

c So/Neither[Nor] 도치: So 또는 Neither를 문장 첫 부분에 써서 '~도 또한 그렇다[그렇지 않다]'의 의미를 나타낼 때, 「So/Neither[Nor] + 동사 + 주어」의 형태로 쓴다.

Patrick *is* good at fixing things. – **So** *am* I.
└→ 앞 문장에 be동사나 조동사를 쓴 경우 그대로 쓰고, 일반동사를 쓴 경우 do동사를 쓴다.
I *didn't* understand the rule. – **Neither[Nor]** *did* I.

4 병렬

등위접속사 and, but, or 또는 상관접속사 both A and B, either A or B, Neither A nor B, not only A but also B 등으로 연결되는 말은 문법적으로 동일한 형태와 구조를 가지고 있어야 한다.

Our new house is **big**, **clean** *and* **neat**.
Students are allowed to *either* **read** books *or* **use** the computer.
He is good at *not only* **drawing** pictures *but also* **writing** songs.

도치
「주어 + 동사 + ...」의 기본 어순에서 주어와 동사의 자리를 바꾸는 것을 말한다.

So, Neither[Nor]
So는 '~도 또한 그렇다'라는 의미로 긍정문에 답하거나 내용을 덧붙일 때 쓰고, Neither[Nor]는 '~도 또한 그렇지 않다'는 의미로 부정문에 답하거나 내용을 덧붙일 때 쓴다.

[01-02] 다음 빈칸에 공통으로 들어갈 말로 알맞은 것을 고르시오.

01 기출응용 서울 00중 3학년

a. I _____ promise I won't make the same mistake again.
b. Rarely _____ I eat breakfast on weekdays.

① do
② does
③ did
④ have done
⑤ had done

02

a. I don't have time. If I _____ time, I would travel a lot.
b. I need a car, but I don't have one. I wish I _____ a car.

① has
② had
③ have
④ would have
⑤ have had

[03-05] 다음 빈칸에 들어갈 말로 알맞은 것을 고르시오.

03

If I were you, I _____ that dress.

① buy
② will buy
③ would buy
④ am buying
⑤ had bought

04

I feel sick because I ate too much ice cream.
I wish I _____ so much.

① don't eat
② won't eat
③ wouldn't eat
④ haven't eaten
⑤ hadn't eaten

05

A: I don't know how to start this machine.
B: _____

① So I do.
② So do I.
③ Neither am I.
④ Neither do I.
⑤ Neither I do.

[06-07] 다음 주어진 우리말을 영어로 바르게 옮긴 것을 모두 고르시오. (2개)

06

그가 지시를 따랐더라면, 다치지 않았을 텐데.

① If he follows orders, he won't be injured.
② If he followed orders, he wouldn't be injured.
③ If he had followed orders, he wouldn't be injured.
④ If he had followed orders, he wouldn't have been injured.
⑤ Had he followed orders, he wouldn't have been injured.

07

모든 국가가 대통령을 갖는 것은 아니다.

① Not all countries have a president.
② All countries don't have a president.
③ Not every country has a president.
④ Each country doesn't have a president.
⑤ None of the countries have a president.

08

다음 문장을 간접화법으로 바꿀 때 옳지 <u>않은</u> 것은?

The doctor said to her, "You will get better soon."
→ The doctor ⓐ told her ⓑ that ⓒ she ⓓ will get better ⓔ soon.

① ⓐ   ② ⓑ   ③ ⓒ   ④ ⓓ   ⑤ ⓔ

[09-10] 다음 두 문장이 같은 뜻이 되도록 빈칸에 들어갈 말로 알맞은 것을 고르시오.

09

I didn't have lunch. That's why I'm hungry now.
→ If I had had lunch, _____.

① I am not hungry now
② I won't be hungry now
③ I wouldn't be hungry now
④ I wouldn't had been hungry now
⑤ I wouldn't have been hungry now

10

He asked me where I had stayed in London.
→ He asked me, _____

① "I had stayed in London."
② "Where did I stay in London?"
③ "Where do you stay in London?"
④ "Where did you stay in London?"
⑤ "Where will you stay in London?"

[11-12] 다음 괄호 안에 들어갈 말로 바르게 짝지어진 것을 고르시오.

11

(A) Economics [is / are] his favorite subject.
(B) A number of languages [is / are] spoken in Iraq.
(C) Four hundred kilometers [is / are] the distance between my house and Boston.

	(A)	(B)	(C)
①	is	– are	– is
②	is	– are	– are
③	is	– is	– are
④	are	– is	– is
⑤	are	– are	– is

12 통합유형

(A) The unemployed [are / is] hoping the economy improves.
(B) If the meeting finishes late, I [will / would] call you.
(C) Do you know when World War II [breaks / broke] out?

	(A)	(B)	(C)
①	are	– will	– breaks
②	are	– would	– breaks
③	are	– will	– broke
④	is	– would	– broke
⑤	is	– will	– breaks

13

① He <u>does</u> look nice in that suit.
② I <u>did</u> see John and Miley on the street.
③ He <u>does</u> know the truth, but he won't tell me.
④ I <u>do</u> think that you will regret your decision.
⑤ My sister <u>did</u> the dishes while I was sleeping.

14 기출응용 서울 00중 3학년

① <u>It</u> is shocking that Jake's dog bit him.
② <u>It</u> is your health that I'm concerned about.
③ <u>It</u> was in 2011 that I started working for this company.
④ <u>It</u> was ice that the Inuit used to build their homes.
⑤ <u>It</u> is my uncle that owns a Japanese restaurant downtown.

15

다음 빈칸에 들어갈 말로 알맞지 않은 것은?

> _____ your help, I would have gotten lost in Hong Kong.

① But for
② Without
③ If it were not for
④ If it had not been for
⑤ Had it not been for

16

다음 중 어법상 옳지 않은 문장의 개수는?

> a. Every seat in the concert hall was taken.
> b. Bread and butter was my breakfast today.
> c. He proved light travels faster than sound.
> d. All the T-shirts are in the washing machine.

① 0개   ② 1개   ③ 2개   ④ 3개   ⑤ 4개

17 통합유형

다음 밑줄 친 부분을 어법상 바르게 고치지 않은 것은?

① There <u>the famous actor goes</u>.
　　　　　→ goes the famous actor
② Half of the building <u>were</u> destroyed by the earthquake.　　　→ was
③ Most of the members of the club <u>is</u> under 30.
　　　　　　　　　　→ are
④ He neither admitted stealing the bag nor <u>to deny</u> it.　　　　　→ denying
⑤ The book says that Columbus <u>reaches</u> America in 1492.　　　→ reached

18 통합유형

① Being a vegetarian <u>is</u> not easy.
② My father is a lawyer, and <u>so do I</u>.
③ Part of this painting <u>was</u> damaged in a fire.
④ Twenty percent of the employees <u>suffer</u> from neck pain.
⑤ <u>Never did I imagine</u> winning the Best Actor award.

19 통합유형

① Whether it's expensive or not <u>don't</u> matter.
② <u>Never had he</u> been so embarrassed.
③ Physics <u>is</u> a very difficult subject for me.
④ If I had taken the doctor's advice, I would <u>be</u> healthy by now.
⑤ <u>But for</u> the goalkeeper, the soccer team would have lost the game.

20 기출응용 서울 00중 3학년

다음 문장을 간접화법으로 바르게 전환하지 <u>않은</u> 것은?

① My sister said, "I will work out every day to lose weight."
  → My sister said that she would work out every day to lose weight.

② Leo said to his boss, "I can't finish the work today."
  → Leo told his boss that he couldn't finish the work that day."

③ My teacher said to us, "Don't use your cell phones in the classroom."
  → My teacher told us not to use our cell phones in the classroom.

④ I asked her, "Where is the nearest bank?"
  → I asked her where is the nearest bank.

⑤ He said to me, "Have you ever been to China?"
  → He asked me if I had ever been to China.

 서 · 술 · 형

21 기출응용 서울 00중 3학년

다음 문장을 간접화법으로 전환하시오.

He asked me, "Can I borrow your notebook?"
→ He asked me _____
_____ .

22

다음 우리말과 일치하도록 주어진 단어를 활용하여 가정법 문장을 완성하시오.

1) 나의 코치가 없었더라면 나는 그 메달을 받지 못했을 것이다.
  → _____ _____ my coach, I _____
    _____ _____ the medal. (will, win)

2) 나는 Jim을 좋아하지 않는데, 그가 마치 모든 것을 다 아는 것처럼 말하기 때문이다.
  → I don't like Jim because he talks _____
    _____ _____ _____ _____ .
    (know, everything)

[23-25] 다음 글을 읽고 아래 질문에 답하시오.

(A) Once, a music teacher said to Enrico Caruso, "You will never be a good singer with your voice. If I were you, I ⓐ <u>would find</u> another job." Even his family wanted him to find another job and ⓑ <u>made</u> money. However, nothing could stop him ⓒ <u>from singing</u>, because he really loved ⓓ <u>it</u>. With a lot of work over many years, he became ⓔ <u>one of the greatest singers</u> in the world. (B) 그의 꿈을 실현시켰던 것은 바로 노래에 대한 그의 사랑이었다.

23

위 글의 (A)를 간접화법으로 전환하시오.

→ Once, a music teacher told Enrico Caruso that
_____ .

24 통합유형

위 글의 ⓐ ~ ⓔ 중 어법상 옳지 <u>않은</u> 것을 찾아 바르게 고치시오.

25

위 글의 (B)의 우리말과 일치하도록 주어진 말을 바르게 배열하여 문장을 완성하시오.

(was, come true, that, made, it, his dream, his love for singing)
→ _____

[01-02] 다음 우리말과 일치하도록 빈칸에 들어갈 말로 알맞은 것을 고르시오.

01 기출응용 서울 00중 3학년

너는 눈을 비비는 것 뿐만 아니라, 콘택트 렌즈를 착용하는 것도 피해야 한다.
→ You should avoid not only rubbing your eyes but also _____ contact lenses.

① wear
② wore
③ wearing
④ to wear
⑤ to wearing

02

지난밤에 눈이 더 왔더라면, 나는 지금 스키 타러 갈 텐데.
→ If it had snowed more last night, I _____ skiing now.

① went
② will go
③ would go
④ would had gone
⑤ would have gone

[03-05] 다음 빈칸에 들어갈 말로 알맞은 것을 고르시오.

03

If we _____ by subway, it will be faster.

① go
② went
③ will go
④ had gone
⑤ have gone

04

Never _____ such a boring movie.

① I have seen
② have seen I
③ have I seen
④ I haven't seen
⑤ haven't I seen

05

All the children in this school _____ how to swim.

① learn
② learns
③ is learning
④ has learned
⑤ was learning

06 기출응용 부산 00중 3학년

다음 밑줄 친 부분의 쓰임이 나머지와 다른 것은?

① It was roses that my boss sent his wife.
② It was Frida that painted the walls white.
③ It is important that you arrive here on time.
④ It was last month that James moved to this town.
⑤ It is cats and dogs that are the most popular pets.

[07-08] 다음 대화의 빈칸에 들어갈 말로 알맞은 것을 고르시오.

07

A: It's raining outside.
B: Really? I wish my son _____ an umbrella with him.

① has
② had
③ will have
④ has had
⑤ had had

08

A: What did you do last weekend?
B: I stayed home because I was tired. I _____ if I hadn't been tired.

① will go out
② would go out
③ will have gone out
④ would had gone out
⑤ would have gone out

[9-10] 다음 빈칸에 들어갈 말로 바르게 짝지어진 것을 고르시오.

09

a. Look at her. She _____ look happy.
b. The Philippines _____ made up of lots of islands.

① be – is   ② do – is
③ do – are   ④ does – is
⑤ does – are

10

a. I'll tell my students that Edison _____ the light bulb.
b. My son was surprised to learn that whales _____ mammals.

① invents – are   ② invents – were
③ invented – are   ④ invented – were
⑤ had invented – were

11

다음 문장을 간접화법으로 바르게 전환하지 <u>않은</u> 것은?

① Joan asked me, "Are you busy?"
  → Joan asked me if I was busy.
② Ashley said to me, "Don't open the door."
  → Ashley told me not open the door.
③ He said to me, "I will write you a letter."
  → He told me that he would write me a letter.
④ She asked me, "Do you want some nachos?"
  → She asked me if I wanted some nachos.
⑤ The stranger asked me, "Where is the bathroom?"
  → The stranger asked me where the bathroom was.

12

다음 중 우리말 해석이 옳지 <u>않은</u> 것은?

① I do think that she will come back.
  → 나는 정말로 그녀가 돌아올 거라고 생각한다.
② Neither of my parents drinks coffee.
  → 우리 부모님 중 한 분은 커피를 드시지 않는다.
③ Not every computer game is bad for children.
  → 모든 컴퓨터 게임이 아이들에게 나쁜 것은 아니다.
④ None of the students were in the classroom.
  → 교실에는 학생들이 아무도 없었다.
⑤ Rarely do people talk to strangers in the big city.
  → 대도시에서 사람들은 좀처럼 낯선 이에게 말을 걸지 않는다.

13

다음 주어진 우리말을 영어로 바르게 옮긴 것은?

의사가 나에게 탄산음료를 마시지 말라고 말했다.

① The doctor told me drink soda.
② The doctor told me not to drink soda.
③ The doctor told me drinking soda.
④ The doctor told me to drink soda.
⑤ The doctor told me not drink soda.

[14-15] 다음 두 문장이 같은 뜻이 되도록 빈칸에 들어갈 말로 알맞은 것을 고르시오.

14

> Without the newspaper, I wouldn't have known about the accident.
> → If it _____ the newspaper, I wouldn't have known about the accident.

① is not for
② were not for
③ had not been for
④ has not been for
⑤ have not been for

15

> The police officer said to me, "Roll down your window."
> → The police officer told me _____.

① roll down my window
② to roll down my window
③ to roll down your window
④ rolled down my window
⑤ rolling down my window

16 통합유형

다음 각 문장에 대해 잘못 이해하고 있는 사람은?

> ⓐ If you find my bag, can you tell me?
> ⓑ It is Andrew that likes Chinese food.
> ⓒ All the information is on Mr. Park's computer.
> ⓓ Every student in this school wears a uniform.
> ⓔ If I won the lottery, I would buy a house.

① 은비: ⓐ 실현 가능성이 있는 일에 대해 말하고 있어.
② 은정: ⓑ 「It is[was] ~ that」 강조 구문이 쓰였어.
③ 정아: ⓒ all 뒤에 단수명사가 쓰였으니까 단수 동사 is가 왔어.
④ 설미: ⓓ 「every + 명사」는 단수 취급하니까 단수 동사 wears가 왔어.
⑤ 진향: ⓔ 가정법 과거완료가 쓰인 문장으로 과거 사실과 반대되는 상황을 가정하고 있어.

17 통합유형 기출응용 울산 00중 3학년

다음 중 어법상 옳은 것끼리 바르게 짝지어진 것은?

> a. Each room of the hotel has a different style.
> b. I wish I were a famous singer.
> c. Both Mexicans and Peruvians speaks Spanish.
> d. It was Ron that was waiting for me at home.

① a, b, c
② a, b, d
③ b, c, d
④ b, d
⑤ c, d

18 통합유형

다음 괄호 안에 들어갈 말로 바르게 짝지어진 것은?

> (A) Here [comes our bus / our bus comes].
> (B) Writing an essay in one day [is / are] almost impossible.
> (C) A number of years [has / have] passed since I met you.

	(A)	(B)	(C)
①	comes our bus	– are	– has
②	comes our bus	– is	– has
③	comes our bus	– is	– have
④	our bus comes	– is	– have
⑤	our bus comes	– are	– has

[19-20] 다음 중 어법상 옳지 않은 것을 고르시오.

19 통합유형

① Over your head flew a bird.
② If I were you, I wouldn't forgive him.
③ The injured were carried to the hospital quickly.
④ Little did I know that the event would change my life.
⑤ He studied Japanese by watching Japanese dramas and read comic books.

20 [통합유형]

① I wish I were tall like my father.
② He is handsome, kind, and intelligent.
③ I heard that you meet Kate last week.
④ Without my husband's help, I wouldn't have succeeded.
⑤ Fifty dollars is enough to buy a fancy dinner in this town.

서 · 술 · 형

21 [기출응용] 서울 00중 3학년

다음 직설법 문장을 가정법 문장으로 바꾸어 쓰시오.

1) As she had a car accident last year, she is not a great dancer now.
   → If she hadn't had a car accident last year, she _____ now.

2) As you live far away, I can't see you every day.
   → If you _____ far away, I could see you every day.

22 [기출응용] 인천 00중 3학년

다음 〈조건〉에 맞게 우리말을 영어로 옮기시오.

〈조건〉
· 시제에 유의할 것
· 괄호 안에 주어진 말을 활용할 것
· 「It is[was] ~ that」 강조 표현을 사용할 것

1) 클래식 음악을 좋아하는 사람은 바로 Andy이다.
   (like classical music)
   → _____

2) 내가 등산을 갔던 것은 바로 어제였다. (go hiking)
   → _____

[23-24] 다음 글을 읽고 아래 질문에 답하시오.

I went to bed around 1 a.m. last night. When I woke up this morning, I was very late for school. (A) My teacher told me to clean the classroom after school by myself. (B) If I _____ (go to bed) early last night, I _____ (will, be) late for school.

23

위 글의 (A)를 직접화법으로 전환할 때 빈칸에 알맞은 말을 쓰시오.

→ My teacher said to me, "_____ the classroom after school _____ _____."

24

위 글의 주어진 말을 활용하여 (B)를 완성하시오.

→ If I _____ early last night, I _____ late for school.

25

다음 우리말과 일치하도록 문장을 완성하시오.

1) Sam은 영화를 좋아하고, 나도 그렇다.
   → Sam likes movies, and _____ _____ _____.

2) 나의 남편은 우리의 새 집에 만족하지 않았고, 나 또한 그렇지 않았다.
   → My husband wasn't satisfied with our new house, and _____ _____ _____.

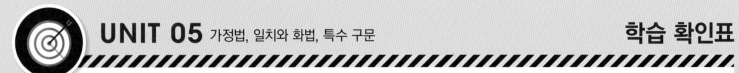
번호	모의고사 1회 문항별 출제 포인트	O / X / △	번호	모의고사 2회 문항별 출제 포인트	O / X / △
1	do 강조 / 부정어 도치		1	병렬	
2	가정법 과거 / I wish + 가정법 과거		2	혼합 가정법	
3	가정법 과거		3	조건문	
4	I wish + 가정법 과거완료		4	부정어 도치	
5	So/Neither[Nor] 도치		5	수 일치	
6	가정법 과거완료		6	It is[was] ~ that 강조	
7	부분부정		7	I wish + 가정법 과거	
8	평서문의 화법 전환		8	가정법 과거완료	
9	혼합 가정법		9	do 강조 / 수 일치	
10	의문문의 화법 전환		10	시제 일치의 예외	
11	수 일치		11	화법	
12	수 일치 / 조건문 / 시제 일치의 예외		12	강조 / 부정 표현 / 도치	
13	do 강조		13	명령문의 화법 전환	
14	It is[was] ~ that 강조		14	Without[But for] 가정법	
15	가정법 과거완료		15	명령문의 화법 전환	
16	수 일치 / 시제 일치의 예외		16	조건문 / 강조 / 수 일치 / 가정법 과거	
17	도치 / 수 일치 / 병렬 / 시제 일치의 예외		17	수 일치 / I wish + 가정법 과거 / It is[was] ~ that 강조	
18	수 일치 / 도치		18	도치 / 수 일치	
19	수 일치 / 도치 / 혼합 가정법 / Without[But for] 가정법		19	도치 / 가정법 과거 / 수 일치 / 병렬	
20	화법		20	가정법 / 병렬 / 시제 일치 / 수 일치	
21	의문문의 화법 전환		21	혼합 가정법 / 가정법 과거	
22	Without[But for] 가정법 / as if[though] + 가정법 과거		22	It is[was] ~ that 강조	
23	평서문의 화법 전환		23	명령문의 화법 전환	
24	가정법 과거 / 병렬 외		24	가정법 과거완료	
25	It is[was] ~ that 강조		25	So/Neither[Nor] 도치	

If we all did the things we are capable of doing,
we would literally astound ourselves.

할 수 있는 일을 해낸다면, 우리 자신이 가장 놀라게 될 것이다.

- Thomas A. Edison -

누적 총정리
모의고사

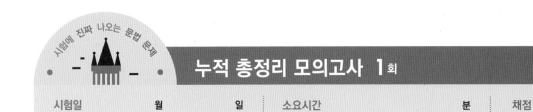
[01-02] 다음 빈칸에 들어갈 말로 알맞은 것을 고르시오.

01

> Jenny doesn't enjoy seafood, but I _____ like it.

① am   ② was
③ do   ④ does
⑤ did

02

> It was _____ for her to climb over the wall.

① rude   ② brave
③ stupid   ④ easy
⑤ careless

03

다음 빈칸에 공통으로 들어갈 말로 알맞은 것은?

> a. It is surprising _____ he survived the crash.
> b. The problem is _____ we don't know where to go.

① when   ② if   ③ that
④ whether   ⑤ what

04 기출응용 익산 00중 3학년

다음 두 문장이 같은 뜻이 되도록 빈칸에 들어갈 말로 알맞은 것은?

> I wish I had brought my glasses.
> → I am sorry that I _____ my glasses.

① bring   ② brought
③ don't bring   ④ didn't bring
⑤ hadn't brought

05

다음 능동태 문장을 수동태 문장으로 전환할 때 빈칸에 들어갈 말로 알맞은 것은?

> You must keep this out of the sunlight.
> → This _____ out of the sunlight.

① must keep   ② must be keep
③ must be kept   ④ be must kept
⑤ must is kept

06 기출응용 대전 00중 3학년

다음 주어진 우리말을 영어로 바르게 옮긴 것은?

> 내게 차가 있다면 Mia를 태워 줄 텐데.

① If I have a car, I would give Mia a ride.
② If I had a car, I would give Mia a ride.
③ If I had a car, I would gave Mia a ride.
④ If I have had a car, I would had given Mia a ride.
⑤ If I had had a car, I would have given Mia a ride.

07 기출응용 제주 00중 3학년

Everyone needs to bring a pair of <u>running</u> shoes.

① I burned my finger with <u>boiling</u> water.
② That girl <u>wearing</u> a pink skirt is my sister.
③ The man <u>standing</u> in front of me looks tired.
④ A glass of hot milk is better than a <u>sleeping</u> pill.
⑤ People <u>living</u> near the factory complained about the noise.

08 통합유형

I found <u>that</u> my watch was broken.

① This is the café <u>that</u> my favorite singer owns.
② It was unexpected <u>that</u> we lost the game.
③ The old dog <u>that</u> is lying on the carpet is sick.
④ Have you read the book <u>that</u> I recommended?
⑤ One of the subjects <u>that</u> Paul Cézanne painted the most was fruit.

09

다음 빈칸에 들어갈 말이 나머지와 다른 것은?

① This glass is made _____ crystal.
② She was yelled at _____ her father.
③ The church was destroyed _____ the storm.
④ Her wedding dress was made _____ her mother.
⑤ Classical music was being played _____ an orchestra.

10

다음 중 문장의 의미가 나머지와 다른 것은?

① Nothing is as important as your health.
② Your health is the most important thing.
③ Nothing is more important than your health.
④ Your health is as important as any other thing.
⑤ Your health is more important than any other thing.

11

다음 빈칸에 들어갈 말로 알맞지 않은 것은?

George has volunteered at the hospital _____.

① since 2010   ② last summer
③ recently   ④ many times
⑤ before

12 통합유형

다음 중 빈칸에 쓰이지 않는 것은?

a. If you _____ the law, you will be punished.
b. He fell down the stairs and _____ his arm.
c. The fence was _____ by wild animals.
d. I want _____ this stick in half.

① break   ② broke   ③ broken
④ breaking   ⑤ to break

[13-14] 다음 밑줄 친 부분이 어법상 옳지 <u>않은</u> 것을 고르시오.

13

① She <u>may have been</u> disappointed with me.
② He <u>should</u> be kind to the customers.
③ Joe <u>would</u> drink a cup of milk every day.
④ She <u>must have left</u> her umbrella on the subway.
⑤ You <u>will must</u> make a decision by tomorrow morning.

14

① It was such an <u>exciting</u> movie!
② She was <u>surprised</u> to see him again.
③ Music written in a minor key is <u>depressing</u>.
④ The result was <u>disappointed</u>. We lost the game.
⑤ There are many <u>interesting</u> facts about bees.

15

다음 밑줄 친 부분의 쓰임이 나머지와 <u>다른</u> 것은?

① She was sad <u>to hear</u> the news.
② Press the button <u>to open</u> the door.
③ They tried hard not <u>to make</u> a mistake.
④ The kid is standing in line <u>to buy</u> ice cream.
⑤ I went to the bank <u>to change</u> some money to US dollars.

16 [통합유형]

다음 중 우리말 해석이 옳지 <u>않은</u> 것은?

① He talks as if he were very old.
  → 그는 아주 나이가 많은 것처럼 말한다.
② Not all the information online is reliable.
  → 온라인의 모든 정보가 믿을 만한 것은 아니다.
③ I'd like to have either pizza or a hamburger.
  → 나는 피자와 햄버거를 먹을래.
④ He cannot have failed the exam. He studied hard.
  → 그가 시험에 떨어졌을 리 없다. 그는 열심히 공부했다.
⑤ Whoever visits our booth can get free coffee.
  → 저희 전시장을 방문하는 사람은 누구든 공짜 커피를 받을 수 있습니다.

17 [통합유형]

다음 빈칸에 들어갈 말로 바르게 짝지어진 것은?

a. Mr. Hill didn't let his children _____ his workroom.
b. This film will prevent your cell phone screen from _____.

① enter – crack
② enter – cracking
③ to enter – to crack
④ to enter – cracking
⑤ entering – cracking

18

다음 문장을 간접화법으로 바르게 전환하지 <u>않은</u> 것은?

① She said to me, "I don't know your name."
  → She told me that she didn't know my name.
② A policeman said to me "Don't park here."
  → A policeman told me not to park there.
③ I asked him, "Where have you been?"
  → I asked him where you have been.
④ She asked, "Have you made up your mind?"
  → She asked if I had made up my mind.
⑤ He said, "Dinner will be ready in 10 minutes."
  → He said that dinner would be ready in 10 minutes.

19 [통합유형]

다음 괄호 안에 들어갈 말로 바르게 짝지어진 것은?

(A) This is the house [where / which] I used to live.
(B) With many people [read / reading] the news online, newspaper sales have decreased.
(C) I will invite him to dinner when he [comes / will come] back.

	(A)	(B)	(C)
①	where	– read	– comes
②	where	– reading	– comes
③	where	– reading	– will come
④	which	– read	– comes
⑤	which	– reading	– will come

20 통합유형

다음 중 어법상 옳지 <u>않은</u> 문장의 개수는?

> a. I do enjoyed listening to her albums.
> b. Ten degrees are cold. Bring your jacket.
> c. Can you tell me where did you buy this shirt?
> d. The prisoners were made to walk into the cells.

① 0개   ② 1개   ③ 2개   ④ 3개   ⑤ 4개

서 · 술 · 형

21

다음 밑줄 친 부사절을 분사구문으로 바꿔 쓰시오.

1) <u>As he didn't have a swimsuit</u>, he couldn't swim in the pool.

  → _____, he couldn't swim in the pool.

2) <u>Since I had watched the movie before</u>, I knew the whole story.

  → _____, I knew the whole story.

22

다음 문장의 밑줄 친 부분을 강조하는 문장으로 바꿔 쓰시오.

1) Tom appeared on TV for the first time <u>in 2011</u>.

  → _____

2) We watched <u>a movie about the universe</u> last night.

  → _____

23

다음 그림을 보고 〈보기〉에 주어진 말과 알맞은 관계사를 활용하여 문장을 완성하시오.

> 〈보기〉   is studying   shirt is blue
>   we study and meet our friends

1) This is the classroom _____

  _____ .

2) The girl _____ at her desk is Ellie.

3) The boy _____ is Jack.

24

다음 능동태 문장을 수동태 문장으로 바꿔 쓰시오.

1) She is baking some cookies and cakes.

  → _____

2) Mike bought Sue a special gift.

  → _____

25

다음 중 어법상 옳지 <u>않은</u> 것을 모두 찾아 바르게 고치시오. (2개)

> a. A new laptop is that she wanted as a gift.
> b. This is the station where the buses don't stop.
> c. Show me the way how you made this jam.
> d. I know someone whose brother is a director.

[01-03] 다음 빈칸에 들어갈 말로 알맞은 것을 고르시오.

01

Do you know the man _____ on the stage?

① sing   ② sings
③ singing   ④ sang
⑤ to sing

02 [기출응용] 익산 00중 3학년

Both Kate and I _____ wearing blue jeans.

① am   ② is
③ are   ④ was
⑤ be

03

Seth _____ his car for an hour when it started to rain.

① washes   ② has washed
③ has been washing   ④ had been washing
⑤ will have washed

04

다음 우리말과 일치하도록 빈칸에 들어갈 말로 알맞은 것은?

Tom은 마치 교실에 자기밖에 없는 것처럼 시끄럽게 말한다.
→ Tom talks loudly, as if he _____ the only person in the classroom.

① is   ② were
③ has been   ④ had been
⑤ to be

05

다음 빈칸에 들어갈 말로 알맞지 <u>않은</u> 것은?

It was _____ of her to say that.

① kind   ② sweet   ③ rude
④ nice   ⑤ hard

[06-07] 다음 빈칸에 공통으로 들어갈 말로 알맞은 것을 고르시오.

06 [기출응용] 서울 00중 3학년

a. You _____ bring your ticket to watch the show.
b. I found Bora's jacket. She _____ have left it here yesterday.

① can   ② has to   ③ used to
④ would   ⑤ must

07 [통합유형]

a. We _____ together for 27 years.
b. If he had not been injured, he could _____ a great basketball player.

① be   ② been   ③ had been
④ has been   ⑤ have been

08 [통합유형] [기출응용] 서울 00중 3학년

다음 우리말을 영어로 바르게 옮기지 <u>않은</u> 것은?

> Jen: Do you remember our grandmother's house?
> Chris: ① 빨간 우체통이 있던 집 말하는 거야? Sure! ② 그곳은 내가 머무르기 좋아했던 장소였어.
> Jen: ③ 그 집이 어디에 있었는지 기억나니?
> Chris: No, ④ 그것이 어디에 있었는지 기억이 안 나.
> Jen: It was next to the bakery. ⑤ 네가 그걸 잊었다니 놀랍다.

① Do you mean the house that had a red mailbox?
② It was a place where I loved to stay.
③ Do you remember where was the house?
④ I don't remember where it was.
⑤ It is surprising that you forgot that.

09

다음 밑줄 친 부분이 어법상 옳은 것은?

① A number of people <u>was</u> in the park.
② All of the flights <u>were</u> canceled.
③ Listening to old jazz songs <u>are</u> how I relax.
④ Economics <u>are</u> Catherine's favorite subject.
⑤ Two hours <u>are</u> long enough to finish the work.

10 [기출응용] 인천 00중 3학년

다음 주어진 우리말을 영어로 바르게 옮긴 것은?

> 그는 그녀를 모르는 것처럼 행동했다.

① He acts as if he didn't know her.
② He acts as if he hadn't known her.
③ He acted as if he didn't know her.
④ He acted as if he hadn't known her.
⑤ He acted as if he hasn't known her.

11 [기출응용] 대전 00중 3학년

다음 빈칸에 when 또는 where를 쓸 때 들어갈 말이 나머지와 <u>다른</u> 것은?

① This is the park _____ they took their pictures.
② He walked into the room _____ the reporters were waiting.
③ The investigator found the place _____ the fire started.
④ I work at a factory _____ thousands of people work.
⑤ He remembered the moment _____ lightning hit the boat.

12

다음 밑줄 친 부분의 우리말 해석이 옳지 <u>않은</u> 것은?

① <u>Frankly speaking</u>, I don't like the new curtains.
　　솔직히 말해서
② <u>Strictly speaking</u>, this is against the law.
　　군이 말하자면
③ <u>Considering</u> his age, the child is very smart.
　　~을 감안하면
④ <u>Generally speaking</u>, public transportation is
　　일반적으로 말해서
　　cheaper.
⑤ <u>Judging from</u> his messy room, he must be lazy.
　　~으로 판단하건대

13

다음 중 어법상 옳지 <u>않은</u> 것은?

① Never had I seen such an exciting opera.
② I don't agree, but I do think your idea is good.
③ This documentary is very interesting and informative.
④ Some Belgians speak French; so do some Swiss people.
⑤ You can not only meet the actors but also to take pictures with them.

14

① I <u>have</u> never <u>traveled</u> abroad.
② <u>Have</u> you ever <u>eaten</u> roast turkey?
③ He <u>has gone</u> to Spain to study architecture.
④ They <u>have been</u> to Universal Studios before.
⑤ I <u>have read</u> the book *Jump* more than three times.

15

① He decided <u>to sell</u> his old computer.
② She was happy <u>to meet</u> her twin sister.
③ My goal is <u>to become</u> a movie director.
④ It was kind of you <u>to help</u> me move the boxes.
⑤ The guard warned me not <u>to cross</u> the yellow line.

[16-17] 다음 빈칸에 들어갈 말로 바르게 짝지어진 것을 고르시오.

16

a. Karl was walking down the street. He stopped _____ his shoelaces.
b. I traveled to Alaska as a child. I remember _____ an aurora there.

① to tie – seeing   ② tying – seeing
③ to tie – saw   ④ tying – to see
⑤ to tie – to see

17 통합유형

a. Please enjoy the food _____ for the guests.
b. Mr. Lue is said _____ the best composer of this generation.

① prepare – to be   ② prepared – being
③ preparing – being   ④ prepared – to be
⑤ preparing – be

18 통합유형

다음 밑줄 친 부분과 바꿔 쓸 수 있는 말로 옳지 <u>않은</u> 것은?

① <u>Whenever</u> you want, you can visit me.
   → At any time
② She hates <u>to touch</u> fish with her bare hands.
   → touching
③ <u>Since I didn't have time</u>, I skipped breakfast.
   → Didn't having time
④ This diamond is four times <u>heavier than</u> that one.   → as heavy as
⑤ I read a book <u>because</u> I had nothing better to do.
   → as

19 통합유형

다음 괄호 안에 들어갈 말로 바르게 짝지어진 것은?

(A) They admitted [to dump / dumping] the waste in the river.
(B) The plot of the play was very [interesting / interested].
(C) I met Jenny, [that / who] studies chemistry.

	(A)	(B)	(C)
①	to dump	interesting	that
②	to dump	interested	who
③	dumping	interesting	that
④	dumping	interested	that
⑤	dumping	interesting	who

20 통합유형

다음 중 어법상 옳지 <u>않은</u> 문장의 개수는?

a. She is smart enough to succeed.
b. I saw a burning house in my dream.
c. We don't know how to get there.
d. My sister is so young to go to school.

① 0개   ② 1개   ③ 2개   ④ 3개   ⑤ 4개

서 · 술 · 형

21

다음 우리말과 일치하도록 주어진 단어를 활용하여 문장을 완성하시오.

그는 마치 전에 아프리카에 가 봤던 것처럼 말했다.
(talk, as if, be)

→ He _____ _____ _____
he _____ _____ to Africa.

22

다음 〈보기〉에서 알맞은 말을 골라 빈칸에 써 넣으시오.

〈보기〉 whoever   whatever   wherever

1) You can go _____ you want if you have a car.

2) _____ you are doing, stop and listen to me.

3) _____ gets the highest score will win the prize.

23

다음 우리말과 일치하도록 주어진 말을 바르게 배열하여 문장을 완성하시오.

1) 우리는 10년 째 같은 마을에 살고 있다.
   (have, in, we, been, living, the same village)
   → _____ for ten years.

2) 그 작은 개는 구조대에 의해 돌보아질 것이다.
   (will, taken, of, by, be, care, the rescue team)
   → The little dog _____.

24

다음 주어진 단어를 활용하여 문장을 완성하시오.

1) I found the book _____. (interest)

2) We went _____ at the lake near our house. (fish)

3) The boy _____ on the beach is Mr. Brown's son. (sit)

25

다음 중 어법상 옳지 <u>않은</u> 것을 모두 찾아 바르게 고치시오. (2개)

a. Sara is smart than any other girl in her class.
b. His watch is three times as expensive as mine.
c. It became more and more hard to buy a house.
d. I'll be back as soon as I can.
e. Ollie was much shorter than his brother.

01

다음 빈칸에 들어갈 말로 알맞은 것은?

> I didn't see my brother _____ into my room.

① come
② comes
③ came
④ to come
⑤ be coming

02 기출응용 익산 00중 3학년

다음 두 문장이 같은 뜻이 되도록 빈칸에 들어갈 말로 알맞은 것은?

> I won't get angry if you don't lie.
> → I won't get angry _____ you lie.

① because
② unless
③ though
④ whether
⑤ while

03

다음 대화의 빈칸에 들어갈 말로 알맞은 것은?

> A: I don't like rock music.
> B: _____. It's too noisy.

① I do
② So do I
③ So I do
④ Neither I do
⑤ Neither do I

04

다음 주어진 우리말을 영어로 바르게 옮기지 않은 것은?

> 낙하산이 아니었다면 그 조종사는 사망했을 것이다.

① With the parachute, the pilot would have died.
② But for the parachute, the pilot would have died.
③ Without the parachute, the pilot would have died.
④ Had it not been for the parachute, the pilot would have died.
⑤ If it had not been for the parachute, the pilot would have died.

[05-06] 다음 주어진 문장의 밑줄 친 부분과 쓰임이 같은 것을 고르시오.

05 통합유형

> This is the movie that was filmed in my town.

① I forgot that I had a meeting.
② It was strange that Jake missed the class.
③ I hope that nobody gets hurt in the competition.
④ She told me that she couldn't come to the party.
⑤ There are some websites that provide free English classes.

06

> John called the hospital to make an appointment.

① I don't expect you to believe me.
② He pretended to cry to trick her.
③ I go to the gym every day to keep in shape.
④ My plan is to open a restaurant downtown.
⑤ It is dangerous to walk around alone at night.

07 통합유형

① I didn't know <u>what to say</u> to her.
② Do not touch the freshly <u>painting</u> door.
③ My older sister expects <u>to have</u> a baby soon.
④ John talks as if he <u>were</u> the boss, but he is not.
⑤ I realized that I <u>had left</u> my bag in the office.

08 기출응용 양산 00중 3학년

① Neither John <u>nor</u> Norah won the election.
② Some turtles can live both in water <u>and</u> on land.
③ This TV show was very popular in Korea <u>as well as</u> in America.
④ You can join the club either by calling us <u>and</u> by visiting our club office.
⑤ Cathy not only did her homework <u>but also</u> made dinner for her parents.

[09-10] 다음 빈칸에 들어갈 말로 바르게 짝지어진 것을 고르시오.

09

a. Most of the people in my office _____ from Japan.
b. Each room _____ a small refrigerator.

① are – has
② are – have
③ is – has
④ is – have
⑤ am – has

10 통합유형

a. If I _____ busy, I could have attended the ceremony.
b. The man _____ is sitting in the dark is Mr. Morris.

① had not been – whom
② weren't – which
③ had not been – that
④ weren't – that
⑤ have not been – which

11

다음 주어진 우리말을 영어로 바르게 옮긴 것은?

모든 학생이 새 정책에 만족하는 것은 아니다.

① No students are satisfied with the new policy.
② Every student is satisfied with the new policy.
③ Not every student is satisfied with the new policy.
④ All of the students are satisfied with the new policy.
⑤ None of the students are satisfied with the new policy.

[12-13] 다음 빈칸에 공통으로 들어갈 말로 알맞은 것을 고르시오.

12

a. You _____ not lean on the wall. It's cracked.
b. We _____ have taken a picture with him. He is a famous actor!

① can
② would
③ used to
④ had better
⑤ should

13

a. The number of birds _____ declining in many cities.
b. I learned that water _____ composed of hydrogen and oxygen.

① be
② is
③ are
④ was
⑤ will be

14 [통합유형]

다음 중 우리말 해석이 옳지 <u>않은</u> 것은?

① None of the doctors knew what the problem was.
  → 의사들 중 누구도 문제가 무엇인지 몰랐다.
② Please deliver the product as soon as possible.
  → 가능한 한 빨리 제품을 배달해 주세요.
③ When I was young, I used to travel alone.
  → 내가 어렸을 때, 나는 혼자 여행하는 것에 익숙했다.
④ Maroon 5 is one of the most popular bands.
  → Maroon 5는 가장 인기 있는 밴드들 중 하나이다.
⑤ I lied to Ron, which made me feel guilty.
  → 나는 Ron에게 거짓말을 했는데, 그것이 내가 죄책감을 느끼게 했다.

15 [통합유형]

다음 중 어법상 옳지 <u>않은</u> 문장의 개수는?

a. The dress that I bought online didn't fit me.
b. This is the hotel which Queen Elizabeth stayed.
c. Being foggy all day, many car accidents occured.
d. Using this map application, you can find your way easily.

① 0개 ② 1개 ③ 2개 ④ 3개 ⑤ 4개

16

다음 우리말과 일치하도록 빈칸에 들어갈 말로 알맞은 것은?

네가 아무리 바쁘더라도 제대로 챙겨 먹어야 한다.
→ _____ busy you are, you should eat properly.

① How
② Whatever
③ Wherever
④ No matter when
⑤ No matter how

17 [통합유형]

다음 중 어법상 옳은 것의 개수는?

a. He regrets getting married too young.
b. My mother is worried about my getting surgery.
c. The actor found it difficult to memorize his lines.
d. The suspect seems to have destroyed all the evidence.

① 0개 ② 1개 ③ 2개 ④ 3개 ⑤ 4개

18 [기출응용] 서울 00중 3학년

다음 밑줄 친 부분의 의미가 나머지와 <u>다른</u> 것은?

① <u>If</u> you have any questions, raise your hand.
② <u>If</u> anyone calls, just say I'll be back at 7 p.m.
③ I'd like to stay home tonight <u>if</u> you don't mind.
④ I'm not sure <u>if</u> the store opens on Sundays or not.
⑤ <u>If</u> you see him, please tell him to come to my office.

19 [기출응용] 울산 00중 3학년

다음 중 어법상 옳지 <u>않은</u> 것끼리 바르게 짝지어진 것은?

a. Please call me whatever you have a question.
b. She is wearing the dress that I designed for her.
c. I visited the city where the Snow Festival is held every year.
d. Which he said was different from the truth.
e. Social media changed the way how people communicate.

① a, b, c ② a, c, d ③ a, d, e
④ b, c, e ⑤ c, d, e

20 통합유형

다음 중 어법상 옳지 <u>않은</u> 것은?

① Have you ever tried local Indian food?
② The students were made to obey the rule.
③ He was seen entering the building last night.
④ We will have arrived at the terminal by 8 p.m.
⑤ Some reliable information was given of me by them.

서 · 술 · 형

21

다음 직접화법 문장을 간접화법 문장으로 바꾸어 쓰시오.

1) My brother said, "I will start my own business"
   → My brother _____.

2) He asked me, "Where can I buy slippers?"
   → He _____.

22

다음 주어진 말을 활용하여 문장을 완성하시오.

1) Please avoid _____ with others during the performance. (chat)

2) Please remember _____ your cell phone before the performance begins. (turn off)

23

다음 우리말과 일치하도록 주어진 말과 알맞은 조동사를 활용하여 문장을 완성하시오.

1) 나는 회의에 늦었다. 나는 오늘 아침에 더 일찍 일어났어야 했다.
   → I was late for the meeting. I _____ _____ _____ _____ earlier this morning. (wake up)

2) 나는 해산물을 싫어했으나, 지금은 해산물 먹는 것을 좋아한다.
   → I _____ _____ _____ seafood, but now I enjoy eating it. (hate)

24

다음 주어진 문장과 같은 의미가 되도록 괄호 안의 지시대로 영작하시오.

> July is the hottest month in Vietnam.

1) 〈원급 사용〉
   → No _____ in Vietnam.

2) 〈비교급 사용〉
   → No _____ in Vietnam.

25

다음 밑줄 친 부분이 어법상 맞으면 O, 틀리면 X 표시하고 바르게 고치시오.

1) Adele's new album <u>is filled with</u> songs about her life. (   )

2) As summer is coming, the nights are <u>getting short and short.</u> (   )

3) The bridge <u>connecting</u> the two cities is blocked by the heavy snow. (   )

01

다음 빈칸에 들어갈 말로 알맞은 것은?

> The website says that the construction of
> Fountain Trevi _____ completed in 1762.

① be ② is
③ was ④ has been
⑤ had been

02

다음 빈칸에 공통으로 들어갈 말로 알맞은 것은?

> a. You can eat as _____ as you want.
> b. The company made _____ more money
>   this year than last year.

① many ② much
③ very ④ twice
⑤ lots

03

다음 대화의 빈칸에 들어갈 말로 알맞은 것은?

> A: I think I left my camera in your car.
> B: I will call you if I _____ it.

① find ② found
③ will find ④ have found
⑤ had found

04 기출응용 대전 00중 3학년

다음 중 빈칸에 들어갈 말로 바르게 짝지어진 것은?

> a. They were seen _____ in the street.
> b. I was made _____ the yard by my mom.

① fight – clean ② fought – to clean
③ fought – cleaning ④ fighting – clean
⑤ fighting – to clean

05

다음 빈칸에 들어갈 말로 알맞지 <u>않은</u> 것은?

> This is the diary _____ .

① that I found under her bed
② whose cover is dirty and ripped
③ which my best friend gave to me
④ that she bought at the flea market
⑤ what he used to keep writing every day

06

다음 우리말을 영어로 바르게 옮긴 것은?

① Tony는 딸기 맛 아이스크림이 먹고 싶었다.
→ Tony felt like to eat strawberry ice cream.
② 회사에 도착하자마자, Sanders 씨는 회의를 소집했다.
→ Upon arrive at work, Mr. Sanders called a meeting.
③ 나이아가라 폭포는 한 번쯤은 가볼 만한 가치가 있다.
→ The Niagara Falls is worth visit at least once.
④ 내 아들은 3시간 동안 컴퓨터 게임을 했다.
→ My son spent three hours to play computer games.
⑤ 많은 졸업생들이 직업을 구하는 데 어려움을 겪는다.
→ A lot of graduates have difficulty finding jobs.

07

다음 문장의 의미가 나머지와 다른 것은?

① No program is as accurate as this program.
② Other programs are as accurate as this program.
③ No other program is more accurate than this program.
④ This program is more accurate than any other program.
⑤ This program is more accurate than all the other programs.

08

다음 두 문장이 같은 뜻이 되도록 빈칸에 들어갈 말로 알맞은 것은?

> _____ you drink warm milk, you'll sleep better.
> → Drinking warm milk, you'll sleep better.

① If   ② Until
③ While   ④ Before
⑤ Although

09

다음 밑줄 친 부분을 생략할 수 없는 것을 모두 고르시오. (2개)

① I enjoyed the apple pie that you made.
② The hotel in which I stayed was very nice.
③ The people whom I work with are really creative.
④ Jenny introduced her sister, who is a novelist.
⑤ I bought a cake which is coated with chocolate.

10

다음 밑줄 친 부분의 의미가 나머지와 다른 것은?

① As he was late, he took a taxi.
② As she went out to jog, it began to rain.
③ As she felt tired, she took a warm bath.
④ He had to walk home as he missed the last bus.
⑤ As she is a vegetarian, she only ordered salad.

[11-12] 다음 괄호 안에 들어갈 말로 바르게 짝지어진 것을 고르시오.

11 통합유형

> (A) He speaks Chinese, and [so I do / so do I].
> (B) If I [had had / have had] an oven, I could have baked a cake for Mina.
> (C) Both Jane and her husband [work / works] for advertising companies.

(A)	(B)	(C)
① so I do	– had had	– work
② so I do	– have had	– works
③ so do I	– had had	– work
④ so do I	– had had	– works
⑤ so do I	– have had	– works

12 통합유형

> (A) The [flashing / flashed] light hurt my eyes.
> (B) We were [thrilling / thrilled] to see our baby sister.
> (C) It was [longer / the longest] snake that I'd ever seen.

(A)	(B)	(C)
① flashing	– thrilling	– the longest
② flashing	– thrilled	– longer
③ flashing	– thrilled	– the longest
④ flashed	– thrilled	– longer
⑤ flashed	– thrilling	– longer

13 통합유형 기출응용 제주 00중 3학년

다음 밑줄 친 부분의 우리말 해석이 옳은 것은?

① She <u>ought to drink</u> more water every day.
   마시곤 했다
② They <u>have been playing</u> tennis for an hour.
   테니스를 쳐본 적이 있었다
③ I <u>used to take walks</u> with my brother after dinner.
   산책하는 것에 익숙하다
④ I <u>may have made some mistakes</u> during the speech.   실수를 했어도 된다
⑤ I <u>should have returned</u> the books to the library.
   반납했어야 했다

14

다음 중 빈칸에 쓰이지 <u>않는</u> 것을 모두 고르시오.

a. I don't know the person with _____ she is talking.
b. The results are different from _____ we expected.
c. I got a violin, _____ was made in France.

① who   ② which   ③ whom
④ what   ⑤ that

15 통합유형 기출응용 서울 00중 3학년

다음 대화 중 <u>어색한</u> 것은?

① A: I regret quitting my violin class.
   B: How about joining it again?
② A: How was the party?
   B: To be frank with you, it was boring.
③ A: I regret to inform you that the meeting is canceled.
   B: Oh, I'm sorry to hear that.
④ A: Were my color pencils used during the art class?
   B: Yes. They were used to decorate the card.
⑤ A: She is proud of having won a beauty contest.
   B: Yes. I remember her to talk about it.

16

다음 표의 내용과 일치하지 <u>않는</u> 것은?

From Seoul to Jeonju			
	Departure	Arrival	Price
Train A	06:00	09:00	$25
Train B	07:00	09:30	$40
Train C	07:00	09:00	$50

① Train A departs the earliest of the three trains.
② Train A takes the longest time of the three trains.
③ Train B is not as cheap as Train A.
④ Train B is the fastest of the three trains.
⑤ Train C is more expensive than all the other trains.

[17–18] 다음 중 어법상 옳지 <u>않은</u> 것을 모두 고르시오. (2개)

17 기출응용 원주 00중 3학년

① Though his shoulder problem, he pitched well.
② He is so young that he can't go to school.
③ People like him because he is kind and polite.
④ I will take a picture if I will see the shooting stars.
⑤ Although she is not here, I still want to thank her.

18 통합유형

① Many cultural sites are being preserved by the government.
② Healthy foods werc made to the children.
③ Students will can use the Internet at the library.
④ I ought to check my car before I leave for Las Vegas.
⑤ A new desk and a chair will be given to each employee.

19

다음 밑줄 친 부분의 쓰임이 나머지와 다른 것은?

① Would you mind waiting for a while?
② I saw Jenny waiting outside the door.
③ The kid sat waiting patiently for the next bus.
④ Please make sure the people waiting in line have their tickets.
⑤ The interviewees waiting for their turn looked nervous.

20

다음 중 우리말 해석이 옳지 않은 것은?

① None of them have experience in this field.
　→ 그들 중 누구도 이 분야에 경험이 없다.
② It was due to the rain that the party was canceled.
　→ 파티가 취소된 것은 바로 비 때문이었다.
③ The medicine does not always work well.
　→ 그 약은 항상 효과가 없다.
④ Neither of us had a key, so we waited outside.
　→ 우리 중 아무도 열쇠가 없어서 우리는 밖에서 기다렸다.
⑤ It was in New Orleans that jazz music first appeared.
　→ 재즈 음악이 처음 등장한 것은 바로 뉴올리언스에서였다.

서 · 술 · 형

21 기출응용 서울 00중 3학년

다음 두 문장을 의미가 같은 한 문장으로 만드시오.

> She started exercising in May.
> She's still exercising.

→ She ＿＿＿＿＿＿＿＿＿＿＿＿＿＿＿＿ since May.

[22-23] 다음 글을 읽고 아래 질문에 답하시오.

> In India, salt helped Mahatma Gandhi winning independence from the British. (A) 1920년대에, 인도인들이 소금을 얻는 것은 쉬웠다. However, the British government made it illegal for Indians to make salt. Instead, they had to buy it from Britain. British salt was expensive, and this made it difficult for poor people to get enough. So Gandhi decided fighting the British law.

22

위 글의 (A)를 주어진 단어를 활용하여 영어로 바르게 옮기시오.

→ In the 1920s, ＿＿＿＿＿＿＿＿＿＿＿＿＿＿＿＿.
　(it, Indians, get salt)

23 통합유형

위 글에서 어법상 옳지 않은 것을 모두 찾아 바르게 고치시오. (2개)

24

다음 각 문장을 괄호 안의 조건에 맞게 바꿔 쓰시오.

1) I hardly understood the story. 〈부정어 hardly로 시작할 것〉
　→ ＿＿＿＿＿＿＿＿＿＿＿＿＿＿＿＿

2) My grandfather found an ancient treasure in his garden. 〈an ancient treasure 강조〉
　→ ＿＿＿＿＿＿＿＿＿＿＿＿＿＿＿＿
　　＿＿＿＿＿＿＿＿＿＿＿＿＿＿＿＿

25 통합유형

다음 글의 밑줄 친 부분을 어법상 바르게 고쳐 쓰시오.

> 1) Interesting in fashion, she wants to be a fashion designer in the future. Recently, she bought an 2) interested magazine about fashion. She said "This is 3) the more interesting magazine I've ever read!"

01

다음 빈칸에 들어갈 말로 알맞은 것은?

He used to live in a cabin _____ by trees.

① surround
② surrounds
③ surrounding
④ surrounded
⑤ to surrounding

[02-03] 다음 주어진 우리말을 영어로 바르게 옮긴 것을 고르시오.

02

모든 거북이가 물속에 사는 것은 아니다.

① No turtles live in the water.
② Not all turtles live in the water.
③ None of the turtles live in the water.
④ Some of the turtles live in the water.
⑤ All the turtles don't live in the water.

03

그는 해변에서 자신의 선글라스를 잃어버렸던 것 같다.

① He seems to lose his sunglasses at the beach.
② He seems to lost his sunglasses at the beach.
③ He seemed to lose his sunglasses at the beach.
④ He seems to have lost his sunglasses at the beach.
⑤ He seemed to have lost his sunglasses at the beach.

04

다음 밑줄 친 부분의 쓰임이 나머지와 <u>다른</u> 것은?

① The baby didn't stop <u>crying</u>.
② Jason is used to <u>using</u> chopsticks.
③ Who is the boy <u>talking</u> with Emma?
④ Her job is <u>playing</u> the drums in a band.
⑤ Don't forget to bring a <u>sleeping</u> bag tonight.

05

다음 주어진 문장의 밑줄 친 부분을 바르게 고친 것은?

The restaurant is full, so I'll have to wait for a long time. I wish I <u>make</u> a reservation.

① made
② am making
③ will make
④ have made
⑤ had made

06

다음 빈칸에 공통으로 들어갈 말로 알맞은 것은?

a. My grandmother is not used to _____ in a big city.
b. Joe says that he doesn't mind _____ with a roommate.

① live
② living
③ be lived
④ lived
⑤ have lived

07

a. Hot chocolate sells well _____ the winter.
b. I was in a bad mood _____ my husband forgot my birthday.

① during – because of
② while – because
③ when – because of
④ while – because of
⑤ during – because

08

a. Call back at 1 p.m. He _____ his lunch by then.
b. We _____ each other for nine years.

① has finished – know
② had been finished – have known
③ had been finished – knew
④ will have finished – have known
⑤ will have finished – have knew

09

다음 두 문장을 간접의문문으로 만든 것이 알맞지 않은 것은?

① Tell me. + What happened last night?
  → Tell me what happened last night.
② I don't know. + Where is my cell phone?
  → I don't know where my cell phone is.
③ Do you think? + Who sent this flower?
  → Do you think who sent this flower?
④ I can't remember. + Where did I park my car?
  → I can't remember where I parked my car.
⑤ I'm not sure. + Is there a pharmacy near here?
  → I'm not sure whether there is a pharmacy near here.

10

다음 주어진 문장과 의미가 같은 것은?

I was too busy to celebrate our anniversary.

① I was busy enough to celebrate our anniversary.
② I was so busy that I celebrated our anniversary.
③ I was busy in order to celebrate our anniversary.
④ I was so busy that I could celebrate our anniversary.
⑤ I was so busy that I couldn't celebrate our anniversary.

11

다음 밑줄 친 부분과 바꿔 쓸 수 있는 말로 옳지 않은 것은?

① No matter how fast you run, you can't win the race.
  → However
② Whatever he says, don't believe him.
  → No matter what
③ My dog follows me wherever I go.
                → to any place that
④ No matter when you need me, I'll be there for you.
  → Whenever
⑤ Please feel free to choose whichever you like.
                → no matter which

12 기출응용 원주 00중 3학년

다음 글의 ⓐ와 ⓑ를 알맞은 형태로 고친 것은?

I'm Tom, and I'm an environmentalist. ⓐ Become interested in environmental problems, I started to make a documentary series ⓑ call *Green Planet*. It is about global warming.

	ⓐ	ⓑ
①	Becoming	calling
②	Became	having called
③	Becoming	called
④	Became	calling
⑤	To become	called

13 통합유형

다음 대화의 빈칸에 들어갈 말로 바르게 짝지어진 것은?

> A: Mom, I got a bad grade on my science test. I wish I _____ harder.
> B: You _____ study hard. You did your best.

① study – do
② studied – do
③ studied – did
④ had studied – do
⑤ had studied – did

14

다음 표의 내용과 일치하지 <u>않는</u> 것은?

The Tastes of Jake and Fred		
	Jake	Fred
foods	shrimp burgers	shrimp burgers
movies	horror movies	comedies
music	pop music	pop music, rock music
dislikes	bugs	ghosts, bugs

① Both Jake and Fred like shrimp burgers.
② Not only Jake but also Fred likes horror movies.
③ Fred likes rock music as well as pop music.
④ Neither Jake nor Fred likes bugs.
⑤ Fred hates both ghosts and bugs.

15

다음 중 어법상 옳은 것끼리 바르게 짝지어진 것은?

> a. Down the hallway is Mr. Grey's office.
> b. It was in the kitchen that the fire started.
> c. Rarely this phrase is used in modern English.
> d. I like neither watching TV nor listening to music.
> e. Audience members are allowed neither to take pictures nor using cell phones.

① a, b, c
② a, b, d
③ b, c, d
④ b, c, e
⑤ c, d, e

16 통합유형 기출응용 서울 00중 3학년

다음 (A) ~ (E)의 밑줄 친 부분을 바르게 이해하지 <u>못한</u> 학생은?

> (A) He <u>started to draw</u> a cartoon series.
> (B) People tend to regret <u>not trying</u> new things.
> (C) I believe <u>it</u> wrong to cut in line.
> (D) How far is <u>it</u> to your school?
> (E) John did his best <u>to be</u> a football player.

① Tim: (A) started drawing으로도 바꿔 쓸 수 있어.
② Mina: (B) 동명사 trying의 부정형이야.
③ Jim: (C) 가목적어로 to cut in line이 진목적어야.
④ Nari: (D) 가주어이고 to your school이 진주어야.
⑤ Sam: (E) to부정사의 부사적 용법으로 쓰였어.

17 통합유형 기출응용 제주 00중 3학년

다음 괄호 안에 들어갈 말로 바르게 짝지어진 것은?

> (A) I [would / would rather] leave now than wait until tomorrow.
> (B) He [has / will have] been in the hospital for six months by next week.
> (C) There [used to / would] be a swimming pool for the children.

	(A)		(B)		(C)
①	would	–	has	–	used to
②	would	–	will have	–	used to
③	would rather	–	will have	–	used to
④	would rather	–	has	–	would
⑤	would rather	–	will have	–	would

[18-19] 다음 밑줄 친 부분이 어법상 옳지 <u>않은</u> 것을 고르시오.

18 통합유형

① We are looking for a hotel <u>to stay in</u>.
② It's kind <u>of you</u> to take care of my dog.
③ He is not <u>enough rich to afford</u> two cars.
④ Just imagine <u>living</u> without electricity.
⑤ I didn't know <u>where to find</u> my old pictures.

19

(in a doctor's office)

A: What seems ① to be the problem?

B: My back hurts. It began ② to hurt about a week ago. Do I have to take medicine?

A: No, but exercising will help you ③ feeling better. And ④ it is important to exercise every day.

B: Every day? But I'm ⑤ too busy to find time for exercise.

20

다음 중 빈칸에 들어갈 말로 알맞지 않은 것은?

a. They were seen ___①___ together.

b. A thousand dollars was lent ___②___ Mr. Kim by the bank.

c. Her locker was filled ___③___ many books.

d. A sweater was bought ___④___ Tim by his mom.

e. ___⑤___ was believed that he was missing.

① walking   ② to   ③ of
④ for   ⑤ It

서 · 술 · 형

21 기출응용 서울 00중 3학년

다음 가정법 문장을 직설법 문장으로 바꾸어 쓰시오.

1) If Jenny were healthy, she could play sports.
→ As Jenny _____, she _____ sports.

2) If you had taken the subway, you wouldn't have been late.
→ As you _____ the subway, you _____ late.

22

다음 우리말과 일치하도록 주어진 말을 바르게 배열하시오.

1) 물안경은 사람들이 바다에서 수영하는 것을 쉽게 해준다.
(people, the sea, to, it, make, in, swim, easy, for)
→ Swimming goggles _____
_____.

2) 나는 팀원들을 북돋는 것이 내 의무라고 생각했다. (our teammates, I, thought, my duty, motivate, it, to)
→ _____.

23 통합유형

다음 중 어법상 옳지 않은 것을 모두 찾아 바르게 고치시오. (2개)

a. Lauren used to drink tea every morning.
b. I am being following by a stranger.
c. It has been snowing since last Monday.
d. The Grand Canyon is known at many people.

[24-25] 다음 글을 읽고 아래 질문에 답하시오.

A: Do you know what Lilly's favorite sport is?
B: She loves ice hockey.
A: I thought she was a big fan of baseball.
B: (A) 그녀는 아이스하키 뿐만 아니라 야구도 좋아해.
A: I see. (B) Do you know? + Does she also like basketball?

24

(A)의 우리말을 〈조건〉에 맞게 영어로 바르게 옮기시오.

〈조건〉
· 상관접속사 as well as를 쓸 것
· 우리말의 시제, 순서에 주의하여 8단어로 완성할 것

→ _____

25

(B)의 밑줄 친 두 문장을 한 문장으로 만드시오.

→ _____

MEMO

MEMO

MEMO

MEMO

MEMO

MEMO

지은이

NE능률 영어교육연구소

NE능률 영어교육연구소는 혁신적이며 효율적인 영어 교재를 개발하고
영어 학습의 질을 한 단계 높이고자 노력하는 NE능률의 연구조직입니다.

중학영문법 총정리 모의고사 〈LEVEL 3〉

펴 낸 이	주민홍
펴 낸 곳	서울특별시 마포구 월드컵북로 396(상암동) 누리꿈스퀘어 비즈니스타워 10층
	㈜NE능률 (우편번호 03925)
펴 낸 날	2021년 1월 5일 개정판 제1쇄
	2024년 6월 15일 제8쇄
전　　화	02 2014 7114
팩　　스	02 3142 0356
홈 페 이 지	www.neungyule.com
등 록 번 호	제1-68호
I S B N	979-11-253-3465-1
정　　가	12,000원

NE 능률

고객센터

교재 내용 문의 : contact.nebooks.co.kr (별도의 가입 절차 없이 작성 가능)
제품 구매, 교환, 불량, 반품 문의 : 02-2014-7114
☎ 전화문의는 본사 업무시간 중에만 가능합니다.

NE능률 교재 MAP

문법
구문

초1-2	초3	초3-4	초4-5	초5-6
	그래머버디 1	그래머버디 2	그래머버디 3	Grammar Bean 3
	초등영어 문법이 된다 Starter 1	초등영어 문법이 된다 Starter 2	Grammar Bean 1	Grammar Bean 4
		초등 Grammar Inside 1	Grammar Bean 2	초등영어 문법이 된다 2
		초등 Grammar Inside 2	초등영어 문법이 된다 1	초등 Grammar Inside 5
			초등 Grammar Inside 3	초등 Grammar Inside 6
			초등 Grammar Inside 4	

초6-예비중	중1	중1-2	중2-3	중3
능률중학영어 예비중	능률중학영어 중1	능률중학영어 중2	Grammar Zone 기초편	능률중학영어 중3
Grammar Inside Starter	Grammar Zone 입문편	1316 Grammar 2	Grammar Zone 워크북 기초편	문제로 마스터하는 중학영문법 3
원리를 더한 영문법 STARTER	Grammar Zone 워크북 입문편	문제로 마스터하는 중학영문법 2	1316 Grammar 3	Grammar Inside 3
	1316 Grammar 1	Grammar Inside 2	원리를 더한 영문법 2	열중 16강 문법 3
	문제로 마스터하는 중학영문법 1	열중 16강 문법 2	중학영문법 총정리 모의고사 2	중학영문법 총정리 모의고사 3
	Grammar Inside 1	원리를 더한 영문법 1	쓰기로 마스터하는 중학서술형 2학년	쓰기로 마스터하는 중학서술형 3학년
	열중 16강 문법 1	중학영문법 총정리 모의고사 1	중학 천문장 3	
	쓰기로 마스터하는 중학서술형 1학년	중학 천문장 2		
	중학 천문장 1			

예비고-고1	고1	고1-2	고2-3	고3
문제로 마스터하는 고등영문법	Grammar Zone 기본편 1	필히 통하는 고등 영문법 실력편	Grammar Zone 종합편	
올클 수능 어법 start	Grammar Zone 워크북 기본편 1	필히 통하는 고등 서술형 실전편	Grammar Zone 워크북 종합편	
천문장 입문	Grammar Zone 기본편 2	TEPS BY STEP G+R Basic	올클 수능 어법 완성	
	Grammar Zone 워크북 기본편 2		천문장 완성	
	필히 통하는 고등 영문법 기본편			
	필히 통하는 고등 서술형 기본편			
	천문장 기본			

수능 이상/ 토플 80-89· 텝스 600-699점	수능 이상/ 토플 90-99· 텝스 700-799점	수능 이상/ 토플 100· 텝스 800점 이상		
TEPS BY STEP G+R 1	TEPS BY STEP G+R 2	TEPS BY STEP G+R 3		

중학영문법

총정리
모의고사

내 · 신 · 상 · 위 · 권 · 을 · 위 · 한

정답 및 해설

3 LEVEL

NE능률

총정리 모의고사

내 · 신 · 상 · 위 · 권 · 을 · 위 · 한

정답 및 해설

UNIT 01 | 모의고사

1회

1 ⑤ 2 ② 3 ② 4 ④ 5 ③ 6 ③ 7 ② 8 ④ 9 ⑤ 10 ③
11 ④ 12 ③ 13 ④ 14 ④ 15 ② 16 ③ 17 ④ 18 ⑤
19 ③ 20 ②, ④ 21 had better be 22 1) The light was
turned off by Helen. 2) are believed to scare away
evil spirits, believed that red beans scare away evil
spirits 23 has been looking for 24 1) used to have
2) would rather listen 25 c. is teaching → is taught 또는
is being taught d. would be → used to be 또는 was

01 미래완료
해석 그들은 2028년이면 공사를 끝내게 될 것이다.
해설 ⑤ by 2028이라는 미래를 나타내는 표현이 있으므로 「will have
v-ed」 형태의 미래완료가 들어가야 한다.

02 by 이외의 전치사를 쓰는 수동태
해석 그녀는 훌륭한 지도자로 많은 사람들에게 알려져 있다.
해설 ② '~에게 알려져 있다'라는 의미가 되어야 하므로 전치사 to가 들어가
야 한다.

03 조동사 would / would rather
해석 a. 그녀는 서울을 방문하면 우리 집에서 머물곤 했다. b. 나는 정장을
입느니 차라리 원피스를 입겠다.
해설 a. '~하곤 했다'라는 뜻의 〈과거의 습관〉을 나타내는 조동사 would
또는 used to가 들어가야 한다. b. 'B하느니 차라리 A하겠다'라는 뜻의
「would rather A than B」의 would가 들어가는 것이 적절하다.

04 조동사 can
해석 나는 중국어로 10까지 셀 수 있다.
① 당신에게 개인적인 질문을 해도 될까요? ② 너는 오늘 오후에 영화를 보
러 가도 된다. ③ 그가 나에게 거짓말을 했을 리가 없다. ④ 넌 나보다 빠
르게 수영할 수 있니? ⑤ 당신은 여기에 휴대전화를 가져와서는 안 된다.
해설 주어진 문장과 ④의 밑줄 친 can은 '~할 수 있다'라는 뜻의 〈능력·가
능〉을 나타내는 조동사이다. ①, ②, ⑤의 can은 '~해도 된다'라는 뜻의 〈허
가〉를 나타내고, ③의 cannot은 '~일 리 없다'라는 뜻의 〈강한 부정적 추측〉
을 나타낸다.

05 진행형 수동태
해석 화가는 왕의 초상화를 그리고 있다.

→ 왕의 초상화가 화가에 의해 그려지고 있다.
해설 ③ 현재진행형의 수동태는 「be동사의 현재형 + being v-ed」의 형태
로 쓴다.
어휘 portrait 초상화

06 과거완료 / 4형식 문장의 수동태
해석 a. 그가 나를 방문했을 때 나는 막 저녁식사를 끝냈었다. b. 약간의 돈
이 나의 부모님에 의해 나에게로 보내졌다.
해설 a. 〈완료〉의 의미를 나타내는 과거완료가 되어야 하므로 「had v-ed」
가 되어야 한다. / b. 동사 send가 포함된 4형식 문장의 수동태는 직접목적
어를 주어로 하는 경우 간접목적어 앞에 전치사 to를 써야 한다.

07 조동사 must / should
해석 a. 바닥이 젖어 있다. 누군가 물을 흘렸음이 틀림없다. b. 그의 식당
은 인기 있다. 너는 예약을 해야 한다.
해설 a. '~이었음이 틀림없다'라는 뜻의 〈과거에 대한 강한 추측〉은 「must
have v-ed」로 나타내므로, 빈칸에는 must가 들어가야 한다. / b. 문맥상
빈칸에는 '~해야 한다'라는 뜻의 〈의무·충고〉를 나타내는 조동사 should가
들어가는 것이 적절하다.
어휘 spill 흘리다, 쏟다 make a reservation 예약하다

08 지각·사역동사의 수동태
해석 a. 그 개는 주인에게 신문을 가져다주도록 시켜졌다. b. 노부인이 도
와달라고 소리치는 것이 들렸다.
해설 a. 사역동사의 목적격보어로 쓰인 원형부정사는 수동태 전환 시 to부
정사로 바꾸어야 한다. / b. 지각동사의 목적격보어로 쓰인 현재분사는 수동
태 전환 시 그대로 쓴다.

09 수동태
해석 ① 사람들은 그 소문이 사실이라고 믿는다. → 그 소문은 사실이라고
믿어진다. ② 이 씨는 그 사건을 조사해 왔다. → 그 사건은 이 씨에 의해
조사되어 왔다. ③ 웨이터가 손님들에게 음식을 제공하고 있다. → 손님들
은 웨이터에 의해 음식을 제공받고 있다. ④ 그 형사는 한 남자가 가방을 버
리는 것을 봤다. → 한 남자는 형사에 의해 가방을 버리는 것이 목격되었다.
⑤ 사람들은 그녀가 20세기 최고의 작가라고 말한다.
해설 ⑤ 목적어가 that절인 문장을 that절의 주어를 사용하여 수동태 문장
으로 만들 경우, 「주어 + be v-ed + to-v」의 형태가 된다. (She is said
be → She is said to be)
어휘 investigate 조사하다 case 사건 throw away 버리다

10 현재완료 진행형
해석 Jim은 한 시간 전에 싱크대를 고치기 시작했다. 그는 여전히 그것을
고치는 중이다.
① Jim은 한 시간 동안 싱크대를 고쳤다. ② Jim은 한 시간 동안 싱크대를
고쳤었다. ③ Jim은 한 시간 동안 싱크대를 고치고 있다. ④ Jim은 한 시
간 동안 싱크대를 고치고 있었다. ⑤ Jim은 한 시간 동안 싱크대를 고쳐온

게 될 것이다.

해설 ③ 주어진 문장처럼 과거에 시작된 일이 현재에도 계속 진행되고 있는 상태는 「have[has] been v-ing」 형태의 현재완료 진행형을 사용해서 나타낼 수 있다.

11 현재완료

해석 A: 넌 얼마나 오래 기타를 쳐 왔니?   B: 10년 동안.

해설 ④ 과거에 기타를 치기 시작해서 현재까지 계속하고 있는 것이므로, 과거에 시작된 일이 현재까지 계속되는 것을 나타내는 현재완료인 「have[has] v-ed」를 사용해서 질문해야 한다.

12 조동사

해석 차에 타면 너는 안전띠를 매야 _____.

해설 문맥상 〈의무·충고〉를 나타내는 조동사가 적절하므로, 〈과거의 습관 및 상태〉를 나타내는 ③ used to는 빈칸에 알맞지 않다.

어휘 fasten one's seat belt 안전띠를 매다

13 과거완료 진행형

해설 ④ 과거 기준 시점 이전에 시작된 일이 과거 기준 시점까지 계속 진행되고 있는 상태는 과거완료 진행형인 「had been v-ing」로 나타낸다.

어휘 knock 두드리다, 노크하다

14 by 이외의 전치사를 쓰는 수동태

해석 ① 그의 바구니는 사탕으로 가득 차 있었다.   ② 나는 그의 새 영화에 매우 실망했다.   ③ 그는 경기 결과에 기뻤다.   ④ 그녀는 자신의 첫 번째 해외 여행에 대해 걱정했다.   ⑤ 나는 그녀의 발표에 매우 만족했다.

해설 ④의 빈칸에는 전치사 about이 들어가고, 나머지 빈칸에는 모두 전치사 with가 들어간다.

어휘 presentation 발표

15 시제

해설 「have[has] gone to」는 '~에 가버렸다(그 결과 지금 여기 없음)'의 의미로 현재완료의 〈결과〉를 나타내므로, ②의 문장은 '그는 그의 고향으로 가버렸다.'라고 해석하는 것이 적절하다.

어휘 suffer from ~으로 고통받다

16 현재완료 진행형 / 수동태

해석 a. 그는 온종일 텔레비전을 보고 있다.   b. 몇몇 집이 홍수에 파괴되었다.   c. 그 도로는 가능한 한 빨리 수리될 것이다.   d. 그들이 은행에서 돈을 훔치는 것이 목격되었다.   e. 그 상품은 배달되기 전에 확인되어야 한다.

해설 ③ 미래시제 수동태는 「will be v-ed」로 나타내므로 빈칸에는 be가 들어가야 한다.

17 조동사 + have v-ed

해석 A: 나는 오늘 아침 일어났을 때, 몸이 더 안 좋았어.   B: 너는 어제 병

원에 갔어야 했어.

해설 ④ 병원에 가지 않은 과거의 일에 대해 유감을 나타내는 상황이므로, 빈칸에는 〈과거 사실에 대한 후회나 유감〉을 나타내는 「should have v-ed」 형태를 써야 한다.

18 현재완료 / by 이외의 전치사를 쓰는 수동태 / 수동태 / 미래완료 / 조동사

해석 Smith 씨는 2002년 이후로 NE 마켓에서 일해 왔다. 그녀가 판매원이었을 때, 대부분의 고객이 그녀의 서비스에 만족했다. 그래서 그녀는 2012년에 판매 부장으로 승진했다. 그녀는 다음 달이면 NE 마켓에서 20년째 일해온 게 될 것이다. 그녀는 NE 마켓에서 가장 부지런한 직원일 리가 없다 (→ 임이 틀림없다).

해설 ⑤ 앞 부분에서 그녀의 서비스에 대부분의 고객들이 만족했고 승진했다고 했으므로, 부지런한 직원일 리가 없다고 말하는 것은 부자연스럽다. 따라서, '~임이 틀림없다' 등의 의미를 가진 조동사가 오는 것이 자연스럽다. (cannot → must)

어휘 salesclerk 점원, 판매원   promote 승진시키다   diligent 부지런한

19 과거시제와 현재완료 / 동사구의 수동태 / 현재완료 진행형 / by 이외의 전치사를 쓰는 수동태 / 조동사

해석 ① 나는 2018년에 오사카를 방문했다.   ② 그 아이들은 그 교사들에 의해 돌봐졌다.   ④ Wang 씨는 관대한 성격으로 유명하다.   ⑤ 당신이 틀림없이 Mary이겠군요. 만나서 반가워요!

해설 ③의 밑줄 친 부분은 과거에 시작된 일이 현재에도 계속 진행되고 있는 상태를 나타낼 때 쓰이는 현재완료 진행형(have[has] been v-ing)이 되는 것이 자연스럽다. (has playing → has been playing)

어휘 generous 관대한   personality 성격, 인격

20 조동사 / 수동태 / 과거완료

해석 ① Patrick이 그런 어리석은 말을 했을 리가 없다.   ③ 그 환자는 죽을 먹도록 시켜졌다.   ⑤ 그녀는 비가 오기 전에 집에 도착했다.

해설 ② 조동사 had better 뒤에는 동사원형을 써야 하므로 be가 들어가야 한다. (better careful → better be careful)   ④ 「by + 행위자」가 있는 것으로 보아, 수동태 문장이 되어야 함을 알 수 있고, 미래시제 수동태는 「will be v-ed」로 써야 한다. (will be loving → will be loved)

21 조동사 had better

해석 우리는 사진을 찍을 때 자주 손가락으로 V 모양을 만든다. 하지만 그것은 몇몇 국가에서는 부적절한 제스처이다.
→ 당신이 몇몇 국가에서 V 모양을 만들 때, 조심하는 게 좋을 것이다.

해설 문맥상 빈칸에는 '~하는 게 좋겠다'라는 뜻의 〈충고〉를 나타내는 조동사 had better가 들어가는 것이 적절하고, 조동사 다음에는 동사원형이 와야 하므로, 마지막 빈칸에는 be가 들어가야 한다.

어휘 inappropriate 부적절한

22 수동태

해석 1) Helen은 불을 껐다. → 불이 Helen에 의해 꺼졌다. 2) 그들은 팥이 악령을 쫓아낸다고 믿는다. → 팥은 악령을 쫓아낸다고 믿어진다.

해설

1) Helen turned off the light. 〈능동태〉
주어 / 동사(동사구) / 목적어

The light was turned off by Helen. 〈수동태〉

2) They believe that red beans scare away evil spirits.
주어 / 동사 / 목적어(that절) 〈능동태〉

Red beans are believed to scare away evil spirits.
〈수동태〉

They believe that red beans scare away evil spirits.
주어 / 동사 / 목적어(that절) 〈능동태〉

It is believed that red beans scare away evil spirits.
〈수동태〉

23 현재완료 진행형

해석 그는 30분 전에 그의 지갑을 찾기 시작했다. 그는 여전히 그것을 찾는 중이다. → 그는 30분 동안 그의 지갑을 찾고 있다.

해설 주어진 문장처럼 과거에 시작된 일이 현재에도 계속 진행되고 있을 때는 「have[has] been v-ing」 형태의 현재완료 진행형을 사용해서 나타낼 수 있다.

24 조동사

해설 1) 빈칸에는 '~이었다'라는 뜻의 〈과거의 상태〉를 나타내는 조동사 used to가 들어가는 것이 적절하고, 조동사 다음에는 동사원형이 와야 하므로, 마지막 빈칸에는 동사원형 have가 들어가야 한다.
2) 주어진 문장의 'B하느니 차라리 A하겠다'는 「would rather A than B」로 나타낼 수 있다.

25 현재완료 / 수동태 / 조동사

해석 a. 그는 막 그의 일을 끝냈다. b. 이 목걸이는 금으로 만들어졌다.

해설 c. 생물학(Biology)은 가르쳐지는 것이므로, 주어진 문장은 수동태 (be v-ed)가 되어야 한다. (is teaching → is taught 또는 is being taught)
d. 조동사 would는 〈과거의 상태〉를 나타낼 수 없다. 따라서, would를 조동사 used to로 고쳐야 한다. (would be → used to be 또는 was)

어휘 biology 생물학

UNIT 01 | 모의고사

2회

1 ③ 2 ④ 3 ④ 4 ④ 5 ③ 6 ③ 7 ③ 8 ④ 9 ⑤ 10 ⑤
11 ⑤ 12 ③ 13 ③ 14 ⑤ 15 ③ 16 ③ 17 ③ 18 ①
19 ③ 20 ③ 21 had left 22 It is believed that
23 Diana has been working at the restaurant for two years. 24 should have taken 25 1) had better listen to his friends' advice 2) had better not drink too much coffee

01 사역동사의 수동태

해석 Judy는 엄마에 의해 우유 한 잔을 마시도록 시켜졌다.

해설 ③ 사역동사 make의 목적격보어로 쓰인 동사원형은 수동태 문장에서 to부정사로 쓴다.

02 조동사 + have v-ed

해석 ① 그는 그 프랑스 영화를 보지 말았어야 했다. ② 그는 그 프랑스 영화를 본 게 틀림없다. ③ 그는 그 프랑스 영화를 보지 않았을지도 모른다. ④ 그가 그 프랑스 영화를 봤을 리가 없다. ⑤ 그는 그 프랑스 영화를 보지 않는 것이 좋다.

해설 ④ '~이었을 리가 없다'라는 뜻의 〈과거 사실에 대한 강한 부정〉은 「cannot have v-ed」로 나타낸다.

03 현재완료 진행형

해석 A: 여전히 비가 내리고 있니? B: 응, 그래. 어제부터 비가 계속 내리고 있어.

해설 ④ 주어진 문장처럼 과거에 시작된 일이 현재에도 계속 진행되고 있는 상태는 「have[has] been v-ing」 형태의 현재완료 진행형을 사용해서 나타낼 수 있다.

04 조동사 had better

해설 ④ '~하지 않는 것이 좋다'라는 의미는 had better의 부정형인 had better not으로 나타낸다.

05 현재완료 / 미래완료

해석 ① 나는 옆집에 사는 가족을 한 번도 만난 적이 없다. ② 우리는 6월까지는 프로젝트를 끝내게 될 것이다. ④ 그 건물은 일 년 동안 공사 중이었다. ⑤ Emily와 Fred는 어제부터 서로 이야기하지 않는다.

해설 ③ 현재완료형(has v-ed)을 과거를 나타내는 표현(when he was 9)과 함께 쓰는 것은 적절하지 않다. (has visited → visited)

어휘 under construction 공사 중인

06 조동사
해석 ① 이곳에는 작은 절이 하나 있었다.　② 너는 예약할 필요가 없다.　④ Sandra는 늦을 리가 없다. 그녀는 일찍 집을 나섰다.　⑤ 극장에서는 휴대전화를 꺼야 한다.
해설 ③ 조동사 had better 뒤에는 동사원형을 써야 한다. (had better to stop → had better stop)
어휘 temple 절　make a reservation 예약하다

07 조동사
해석 a. 너는 언 호수를 건너지 않아야 한다. 그건 위험하다.　b. 나는 모자를 잃어버렸다. 나는 그것을 쇼핑몰에 두고 온 것이 틀림없다.
해설 a. 문맥상 빈칸에는 '~해야 한다'는 의미의 should의 부정형인 should not이나, '~해서는 안 된다'는 〈금지〉를 나타내는 must not이 들어가야 한다. / b. 문맥상 빈칸에는 '~이었음이 틀림없다'라는 뜻의 〈과거에 대한 강한 추측〉을 나타내는 조동사 「must have v-ed」가 들어가는 것이 적절하다.
어휘 frozen (강·호수 등이) 얼어붙은

08 현재완료 / 조동사 + have v-ed
해석 a. 그녀는 휴가 중이다. 그녀는 제주도에 가버렸다.　d. 도로에 교통량이 많다. 나는 지하철을 탔어야 했다.
해설 a. '~에 가버렸다'라는 뜻의 〈결과〉를 나타내는 현재완료는 「have[has] gone to」이므로, 빈칸에는 gone이 들어가야 한다. / b. '~했어야 했다'라는 뜻의 〈과거 사실에 대한 후회〉를 나타내는 표현은 「should have v-ed」이므로, 빈칸에는 should가 들어가야 한다.

09 현재완료
해석 우리 부모님은 결혼하신 지 15년이 되었다.
① 우리는 전에 이 이야기를 들어본 적이 있다.　② 나는 공항에 막 도착했다.　③ 그들은 연구를 하기 위해 아프리카에 가버렸다.　④ 너는 〈Mockingjay〉라는 책을 읽어본 적이 있니?　⑤ 그녀는 지난주 월요일부터 치통을 겪어오고 있다.
해설 주어진 문장과 ⑤의 밑줄 친 부분은 현재완료의 〈계속〉 용법으로 쓰임이 같다. ①과 ④는 현재완료의 〈경험〉, ②는 〈완료〉, ③은 〈결과〉를 나타낸다.

10 조동사 may
해석 Clay 씨는 지금 그의 사무실에 있을지도 모른다.
① 전화를 써도 될까요?　② 원한다면 집에 가도 좋다.　③ 저녁식사 후에 아이스크림을 먹어도 좋다.　④ 실례합니다만, 제가 잠깐 같이 합류해도 될까요?　⑤ 나는 회의가 있다. 오늘 저녁에 아마 늦을지도 모른다.
해설 주어진 문장과 ⑤의 밑줄 친 may는 '~일지도 모른다'의 의미로 〈약한 추측〉을 나타내며 나머지는 '~해도 된다'는 〈허가〉를 나타낸다.

11 4형식 문장의 수동태
해석 ① 편지가 Kelly에 의해 그에게 보내졌다.　② 불어가 Green 씨에 의해 나에게 가르쳐졌다.　③ 넥타이가 그녀에 의해 남자친구에게 주어졌다.　④ 소금이 웨이터에 의해 나에게 가지고 와졌다.　⑤ 이 책이 그의 부모님에 의해 Andy에게 구입되었다.
해설 ⑤ 동사 buy가 포함된 4형식 문장의 수동태는 직접목적어를 주어로 하는 경우 간접목적어 앞에 전치사 for를 써야 하며, 동사 send, teach, give, bring이 포함된 4형식 문장의 수동태는 간접목적어 앞에 전치사 to를 써야 한다.

12 수동태
해석 ① 나는 그녀가 길을 건너는 것을 봤다. → 그녀가 나에 의해 길을 건너는 것이 목격되었다.　② 그녀는 아기를 위해 스웨터를 짜고 있다. → 스웨터가 아기를 위해 짜지고 있다.　③ 그들은 로봇이 걷고 춤추게 시켰다.　④ 많은 학생들이 Grey 교수님을 존경한다. → Grey 교수님은 많은 학생들에 의해 존경 받는다.　⑤ 서양인들은 13일의 금요일이 불운하다고 믿는다. → 13일의 금요일은 서양인들에 의해 불운하다고 믿어진다.
해설 ③ 사역동사의 목적격보어로 쓰인 동사원형은 수동태 문장으로 전환 시 to부정사로 바꾸어야 한다. (walk and dance → to walk and dance)
어휘 knit (실로 옷 등을) 뜨다[짜다]　look up to 존경하다

13 진행형 수동태
해석 A: 여보, 부엌을 청소했어요?　B: 네, 했어요.　A: 거실은요?　B: 그것은 Jenny에 의해 청소되고 있는 중이에요.
해설 ③ 밑줄 친 우리말은 '~이 되고 있는 중이다'라는 뜻의 현재진행형 수동태인 「be동사의 현재형 + being v-ed」의 형태로 나타낼 수 있다.

14 조동사 would rather
해석 A: Ezra, 우리 같이 미술 수업을 듣는 게 어때?　B: 나는 미술에 관심이 없어. 난 미술 수업을 듣느니 차라리 사회학 수업을 들을래.
해설 ⑤ 'B하느니 차라리 A하겠다'는 「would rather A than B」로 나타낼 수 있다.
어휘 sociology 사회학

15 by 이외의 전치사를 쓰는 수동태
해석 a. 이 옷은 실크로 만들어졌다.　b. 나는 기말고사가 걱정이다.　c. 그 방은 벌써 연기로 가득 차 있었다.　d. 전주는 비빔밥으로 유명하다.
해설 a. '~으로 만들어지다'라는 뜻의 표현은 「be made of」이므로, 빈칸에는 전치사 ① of가 들어가야 한다. / b. '~을 걱정하다'라는 뜻의 표현은 「be concerned about」이므로, 빈칸에는 전치사 ② about이 들어가야 한다. / c. '~으로 가득 차 있다'라는 뜻의 표현은 「be filled with」이므로, 빈칸에는 전치사 ④ with가 들어가야 한다. / d. '~으로 유명하다'라는 뜻의 표현은 「be known for」이므로, 빈칸에는 전치사 ⑤ for가 들어가야 한다.

16 시제

해석 나는 15살 때부터 영국에서 살아 왔다. 나는 런던 국제 학교를 졸업했다. 나는 학교에 다닐 때 영어와 스페인어를 배워왔다(→ 배웠다). 그래서 나는 두 개의 언어를 말할 수 있다. 나는 현재 대학교에서 공학을 공부하고 있고, 2023년에는 석사 학위를 끝내게 될 것이다.

해설 ③ have learned는 현재완료로, 과거를 나타내는 표현(when I was in school)과 함께 쓰일 수 없다. (have learned → learned)

어휘 graduate from ~을 졸업하다   engineering 공학   master's degree 석사 학위

17 조동사 + have v-ed / 현재완료

해석 a. John은 회의에 오지 않았다. 그는 그것에 대해 잊어버렸음이 틀림없다.   b. 내가 이 웹 사이트에 가입한 이후 나는 비밀번호를 세 번 잊어버렸다.

해설 a. '~이었음이 틀림없다'의 의미로 〈과거의 사실에 대한 강한 추측〉을 나타내는 「must have v-ed」가 되어야 한다. / b. since, for 등과 자주 쓰이는 현재완료 「have v-ed」가 되어야 한다.

어휘 password 비밀번호

18 조동사 / 미래완료 / 현재완료 진행형 / 과거완료

해설 ① 「would rather A than B」는 'B하느니 차라리 A하겠다'라는 뜻을 나타내므로, ①의 문장은 '나는 영화를 보러 가느니 차라리 잠을 자겠다.'라고 해석하는 것이 적절하다.

19 조동사 must / 지각동사의 수동태 / 미래시제 수동태 / 현재완료 진행형

해석 a. 너는 내일 일찍 일어나야 한다.   b. 그녀가 친구들과 함께 웃고 있는 것이 보였다.

해설 c. 「by + 행위자」가 있는 것으로 보아, 수동태 문장이 되어야 함을 알 수 있고, 미래시제 수동태는 「will be v-ed」로 써야 한다. (will give → will be given) / d. 과거에 시작된 일이 현재에도 계속 진행되는 상태를 나타내는 현재완료 진행형(have[has] been v-ing)이 되는 것이 자연스럽다. (has been filmed → has been filming)

어휘 director 감독

20 과거시제와 현재완료 / 현재완료 진행형 / 미래시제 수동태 / 과거완료

해석 b. 우리는 한 시간 동안 버스를 기다려오고 있다.   c. 네 이름은 몇 분 후에 불릴 것이다.

해설 a. three months ago와 같이 과거를 나타내는 표현이 있는 경우 현재완료를 쓸 수 없다. (has tried → tried) / d. 그녀가 그를 만난 것이 그 사실을 기억하는 것보다 더 이전에 일어났으므로, 종속절의 동사는 과거보다 더 이전의 일을 나타낼 때 쓰는 과거완료(had v-ed)가 되어야 한다. (has met → had met)

21 과거완료

해설 도착한 과거 시점(arrived) 이전에 이미 완료된 일을 나타내므로 과거완료 「had v-ed」로 써야 한다.

22 목적어가 that절인 문장의 수동태

해설 목적어가 that절인 문장의 수동태는 「It + be동사 + v-ed that ~」으로 쓸 수 있다.

23 현재완료 진행형

해석 Diana는 2년 전에 그 식당에서 일하기 시작했다. 그녀는 여전히 거기서 일하고 있다. → Diana는 2년 동안 그 식당에서 일해 오고 있다.

해설 과거에 시작된 일이 현재에도 계속 진행되고 있을 때는 「have[has] been v-ing」 형태의 현재완료 진행형을 사용해서 나타낼 수 있다.

24 조동사 + have v-ed

해설 주어진 우리말의 '~했어야 했다'는 〈과거 사실에 대한 후회〉를 나타내는 표현인 「should have v-ed」로 나타낼 수 있다.

25 조동사 had better

해석 〈예시〉 Linda는 일찍 잠자리에 드는 것이 좋겠다.
1) Noah는 친구들의 충고를 듣는 것이 좋겠다.
2) Jennifer는 커피를 너무 많이 마시지 않는 게 좋겠다.

해설 '~하는 게 좋겠다'는 「had better + 동사원형」을 써서 나타낸다. had better의 부정형은 had better not이다.

UNIT 02 | 모의고사

1회

1 ⑤ 2 ② 3 ③ 4 ② 5 ④ 6 ① 7 ④ 8 ① 9 ⑤ 10 ③
11 ② 12 ② 13 ④ 14 ④ 15 ⑤ 16 ⑤ 17 ① 18 ③
19 ⑤ 20 ④ 21 1) too small, to sit on 2) too hot to
drink 22 thoughtful of you to remember my birthday
23 1) her sleeping late 2) visiting her uncle a few years
ago 24 1) denies stealing 2) refuses to read 25 2행: to
talk → talking 3행: study → studying

01 to부정사를 목적어로 쓰는 동사
[해석] Jake는 중고 오토바이를 사는 것을 _____ 있다.
① 희망하고 ② 기대하고 ③ 계획하고 ④ 거부하고 ⑤ 고려하고
[해설] 목적어 자리에 to부정사가 있으므로 동명사를 목적어로 쓰는 동사인
⑤ considering은 빈칸에 들어갈 수 없다.

02 to부정사의 의미상의 주어
[해석] ① 나를 돕다니 그녀는 친절했다. ② 내가 그를 이해하는 것은 힘들
다. ③ 그녀의 제안을 거절하다니 너는 참 무례했다. ④ 도둑을 잡다니 너
는 참 용감했다. ⑤ 가방을 또 잃어버리다니 그는 참 부주의했다.
[해설] to부정사의 의미상의 주어는 보통 to부정사 앞에 「for + 목적격」의 형
태를 쓰지만, to부정사 앞에 사람의 성격이나 성질에 대한 주관적 평가를 나
타내는 형용사가 올 경우, to부정사의 의미상의 주어는 「of + 목적격」의 형
태로 쓴다. 그러므로 ②에는 for가, 나머지 빈칸에는 of가 들어가야 한다.
[어휘] impolite 무례한 refuse 거절하다 careless 부주의한

03 to부정사의 부사적 용법
[해석] ① 소음으로 당신을 방해해서 미안해요. ② 그 소녀는 자라서 유명한
감독이 되었다. ③ 우리는 차를 마시기 위해 멈출 시간이 없다. ④ 그렇게
좋은 성적을 받다니 그녀는 똑똑한 게 틀림없다. ⑤ 그는 최상의 원두를 사
기 위해 브라질에 갔다.
[해설] ③의 밑줄 친 부분은 명사를 수식하는 to부정사의 형용사적 용법으로
쓰였고, 나머지 밑줄 친 부분들은 모두 to부정사의 부사적 용법(① 감정의
원인, ② 결과, ④ 판단의 근거, ⑤ 목적)으로 쓰였다.
[어휘] bother 방해하다 director 감독

04 동명사와 현재분사
[해석] ① 환자들은 대기실에 앉아 있다. ② K로 시작하는 단어들을 적어라.
③ 그녀는 강을 따라서 산책하러 가는 것을 제안했다. ④ 책을 읽는 것은 네
글쓰기 실력을 향상시킬 수 있다. ⑤ 우리 동호회의 주된 활동은 현재의 문

제들에 관해 토론하는 것이다.
[해설] ②의 밑줄 친 부분은 명사를 수식하는 현재분사이고, 나머지 밑줄 친
부분들은 모두 동명사이다.
[어휘] waiting room 대기실 improve 향상시키다 discuss 토론하
다 current 현재의 issue 문제

05 to부정사를 이용한 구문
[해석] Melissa는 혼자서 인도를 여행할 만큼 충분히 용감했다.
[해설] '~할 만큼 충분히 …한'은 「형용사[부사] + enough + to-v」의 형태이
므로, 빈칸에는 ④ brave enough가 들어가야 한다.
[어휘] by oneself 혼자서 brave 용감한

06 원형부정사
[해석] Joyce는 그녀의 아이들이 10시 전에 자게 한다.
[해설] 사역동사(make)는 목적격보어로 동사원형을 쓰므로 빈칸에는 ① go
가 들어가야 한다.

07 to부정사의 명사적 용법
[해석] 의사는 그에게 비타민을 섭취하라고 충고했다.
[해설] 빈칸에는 동사 advise의 목적격보어 역할을 하는 to부정사인 ④ to
take가 들어가야 한다.

08 to부정사를 이용한 구문 / 원형부정사
[해석] a. 지금은 너무 일러서 아침을 먹을 수가 없다. b. 그녀는 내가 애완
동물을 기르게 하지 않을 것이다.
[해설] a. '너무 ~해서 …할 수 없는'은 「too + 형용사[부사] + to-v」의 형태이
므로, 빈칸에는 too가 들어가야 한다. / b. 사역동사(let)의 목적격보어 자
리에는 동사원형을 써야 하므로, 빈칸에는 keep이 들어가야 한다.

09 동명사 관용 표현
[해석] a. 그들은 다시 베트남에 방문할 것을 고대하고 있다. b. 그녀는 커피
를 마실 때마다 그 안에 우유를 넣는다.
[해설] a. '~하기를 고대하다'는 「look forward to v-ing」의 동명사 관용 표
현으로 나타낸다. / b. '~할 때마다 …하다'는 「never ~ without v-ing」의
동명사 관용 표현으로 나타낸다.

10 to부정사 / 원형부정사
[해석] ① 그들은 그가 전화를 받게 했다. ② 그는 내게 프로그램을 어떻게
내려받는지 알려주었다. ③ 그녀는 아들이 아래층으로 내려가는 소리를 들
었다. ④ 너무 추워서 밖에 머무를 수가 없다. ⑤ 나는 생일파티 여는 것을
계획하지 않았다.
[해설] ③ 지각동사 hear의 목적격보어 자리에는 동사원형이나 현재분사를
써야 한다. 따라서, 빈칸에는 아무것도 들어가지 않는 것이 적절하다.
[어휘] downstrairs (집, 건물의) 아래층으로

11 to부정사를 목적어로 쓰는 동사 / to부정사를 이용한 구문

해석 a. Anthony는 밖에 나가기 싫어서 피곤한 척했다.　b. 너는 매우 바쁜 것 같지만, 내 부탁 좀 들어줄래?

해설 a. pretend는 to부정사를 목적어로 쓰는 동사이므로 빈칸에는 ② to be가 들어가야 한다. 문맥상 not to be는 적절하지 않다. / b. '~인 것 같다'라는 뜻의 표현은 「seem to-v」이므로 빈칸에는 ② to be가 들어가야 한다.

어휘 pretend ~인 척하다

12 가목적어 it

해석 나는 새 친구를 사귀는 것이 어렵다는 것을 알게 됐다.
① 우리는 TV가 너무 비싸서 사지 않았다.　② 나는 역사를 공부하는 것이 필수적이라고 생각했다.　③ 인천에서 광주는 얼마나 먼가요?　④ 날씨가 아주 흐려서 나는 우울했다.　⑤ 외국어를 배우는 것은 흥미롭다.

해설 주어진 문장과 ②의 it은 가목적어로 쓰임이 같다. ①은 대명사, ③과 ④는 각각 〈거리〉, 〈날씨〉를 나타내는 비인칭주어, ⑤는 가주어인 it이다.

어휘 necessary 필수적인　depressed 우울한

13 동명사의 의미상의 주어

해설 ④ imagine은 동명사(playing)를 목적어로 쓰는 동사이고, 동명사의 의미상의 주어는 동명사 앞에 소유격(his)이나 목적격(him)을 써서 나타낸다.

14 to부정사를 이용한 구문

해설 ④ '~인 것 같다'의 의미는 「seem to-v」로 쓰는데, 주어가 3인칭 단수이고 현재를 나타내므로 seems로 쓰며, to부정사의 시제가 문장의 시제보다 한 시제 앞서므로 완료부정사인 「to have v-ed」로 나타낸다.

어휘 in one's youth 젊었을 때에는

15 to부정사를 이용한 구문 / 「be to-v」 용법

해석 ① 그는 너무 바빠서 그의 방을 치울 수 없다.　② 그는 그의 행동을 후회하는 것 같다.　③ 그 남자는 어디에서도 발견되지 않았다.　④ 당신은 이 문제를 Hall 씨에게 보고해야 한다.　⑤ 그녀는 바위를 오를 만큼 충분히 강하다. / 그녀는 너무 강해서 바위를 오를 수 없다.

해설 ⑤ '~할 만큼 충분히 …한'의 의미인 「형용사[부사] + enough + to-v」는 「so + 형용사[부사] + that + 주어 + can + 동사원형」으로 바꿔 쓸 수 있다. 따라서 She is so strong that she can climb the rock.과 같이 써야 한다.

어휘 behavior 행동　report 보고하다　climb 오르다

16 to부정사의 수동태 / 「be to-v」 용법 / 원형부정사 / to부정사를 목적어로 쓰는 동사

해석 ① 이 셔츠는 세탁되어야 한다.　② 그들은 다시는 만나지 못할 운명이었다.　③ 제가 설거지하는 것을 도와 주시겠어요?　④ Helen은 건강을 위해 유기농 음식을 먹기로 결심했다.

해설 ⑤ promise는 to부정사를 목적어로 쓰는 동사이다. (visiting → to visit)

어휘 organic 유기농의

17 원형부정사 / 동명사의 의미상의 주어 / 동명사의 수동태 / to부정사의 의미상의 주어

해석 ② 제가 불을 켜도 될까요?　③ 그 배우는 스타처럼 대우받는 것을 즐겼다.　④ 나는 Toby에게 피아노를 옆방으로 옮기게 할 것이다.　⑤ 우리 할머니께서 인터넷에서 물건을 사시는 것은 어렵다.

해설 ① 사역동사(have)는 목적어와 목적격보어의 관계가 능동일 때 목적격보어로 동사원형을 쓴다. (to wear → wear)

어휘 treat 대우하다, 다루다

18 동명사의 역할 / 동명사 관용 표현 / to부정사를 이용한 구문

해석 b. 우리는 콘서트에 가기를 고대하고 있다.　c. 그녀는 지난밤에 그 소식을 들었던 것처럼 보인다.

해설 a. 「be afraid of」는 '~을 두려워하다'의 의미로, 전치사 of 다음에는 동명사가 와야 한다. (be → being) / d. '~하는 것에 익숙하다'라는 뜻은 「be used to v-ing」로 나타낸다. (eat → eating)

어휘 punish 처벌하다　spicy 매운

19 to부정사의 의미상의 주어 / 동명사를 목적어로 쓰는 동사 / 동명사의 수동태

해석 (A) 우리가 서로를 존중하는 것은 중요하다.　(B) 문자하는 것을 그만두고 네 공부에 집중해라.　(C) 나는 이 달의 직원으로 선정된 것에 놀랐다.

해설 (A) to부정사의 의미상의 주어는 「for + 목적격」으로 나타낸다. / (B) 문맥상 '~하는 것을 멈추다'의 의미가 되어야 하며, stop은 동명사를 목적어로 쓴다. / (C) 문맥상 '선정된 것'의 의미가 되어야 하므로 동명사의 수동태인 「being v-ed」가 되어야 한다.

어휘 respect 존경하다　employee 직원, 피고용자

20 원형부정사 / 동명사 관용 표현

해석 A: 네가 콘서트 도중에 자고 있는 것을 봤어.　B: 응. 클래식 음악은 지루해. 자지 않을 수 없었어.

해설 A. see와 같은 지각동사는 목적격보어로 동사원형 또는 현재분사를 쓴다. / B. 동명사 관용 표현으로 '~하지 않을 수 없다'의 의미는 「cannot help v-ing」로 쓴다.

21 to부정사를 이용한 구문

해석 〈예시〉 질문: 우리 농구하는 게 어때?　대답: 아니, 농구를 하기에는 너무 늦었어.
1) 질문: 네 명이 소파에 앉을 수 있을까?　대답: 못 앉을 것 같아. 그건 너무 작아서 네 명이 앉을 수 없어.
2) 질문: 이 레몬차 지금 마셔도 돼?　대답: 아니, 그건 너무 뜨거워서 지금 마실 수 없어. 잠깐 기다려 줘.

해설 '너무 ~해서 …할 수 없는'의 의미인 「too + 형용사 + to-v」를 이용해 문장을 완성해 본다.

22 to부정사의 의미상의 주어

[해설] thoughtful처럼 to부정사 앞에 사람의 성격이나 성질에 대한 주관적 평가를 나타내는 형용사가 올 경우, to부정사의 의미상의 주어는 「of + 목적격」의 형태로 써야 함에 유의하면서 빈칸을 완성해 본다.

[어휘] thoughtful 배려심 있는, 친절한

23 동명사의 의미상의 주어 / remember + 동명사[to부정사]

[해석] 1) 그녀는 늦잠을 자고 있다. 나는 그것에 대해 불만이다. → 나는 그녀가 늦잠을 자는 것이 불만이다.   2) 내 딸은 몇 년 전에 삼촌을 방문했던 것을 기억한다.

[해설] 1) 전치사의 목적어로 동명사가 오고 동명사의 의미상의 주어는 소유격 또는 목적격으로 나타낸다.
2) 과거에 삼촌을 방문했던 것을 기억하는 것이므로, '(과거에) ~했던 것을 기억하다'라는 뜻의 「remember + 동명사」 형태를 사용해서 빈칸을 완성해 본다.

24 동명사를 목적어로 쓰는 동사 / to부정사를 목적어로 쓰는 동사

[해설] 1) 동사 deny는 목적어로 동명사를 쓴다.
2) 동사 refuse는 목적어로 to부정사를 쓴다.

25 동명사 관용 표현

[해석] 2주 전, 한 일본인 가족이 옆집으로 이사를 왔다. 그리고 나는 그들과 대화하는 데 어려움을 겪었다. 그래서, 나는 요즘 매일 3시간씩 일본어를 공부한다.

[해설] 2행: '~하는 데 어려움을 겪다'라는 표현은 「have difficulty v-ing」이다. (to talk → talking)
3행: '~하는 데 시간을 쓰다'는 「spend + 시간 + (on) v-ing」로 나타낸다. (study → studying)

UNIT 02 | 모의고사

2회

1 ④ 2 ③ 3 ⑤ 4 ③ 5 ③ 6 ④ 7 ④ 8 ① 9 ⑤ 10 ③
11 ③ 12 ② 13 ④ 14 ② 15 ③ 16 ② 17 ⑤ 18 ②
19 ③, ④ 20 ① 21 1) borrowing 2) to get
22 2행: driving → to drive 4행: to leave → leaving
23 1) to be something wrong with the refrigerator
2) having danced on the stage 24 1) to be 2) To achieve 3) studying 4) to make 25 keep your dog from barking

01 to부정사를 이용한 구문

[해석] 이 셔츠는 너무 작아서 James가 입을 수 없다.

[해설] 주어진 문장의 「too + 형용사 + to-v」는 '너무 ~해서 …할 수 없는'의 의미로, ④의 「so + 형용사 + that + 주어 + can't[couldn't] + 동사원형」으로 바꿔 쓸 수 있다.

02 동명사 관용 표현

[해석] 우리는 당신을 곧 직접 만나기를 고대한다.

[해설] ③ '~하는 것을 고대하다'는 「look forward to v-ing」로 나타낸다.

[어휘] in person 직접

03 to부정사의 의미상의 주어

[해석] 그의 충고를 듣다니 너는 _____했다.
① 착한 ② 영리한 ③ 어리석은 ④ 현명한 ⑤ 필요한

[해설] to부정사의 의미상의 주어가 「of + 목적격」인 것으로 보아, 빈칸에는 사람의 성격이나 성질에 대한 주관적 평가를 나타내는 형용사가 와야 함을 알 수 있다. 따라서, 그와 무관한 단어인 ⑤ necessary는 빈칸에 들어갈 수 없다.

04 원형부정사

[해석] 차 씨는 그의 아들이 자기 전에 책을 읽도록[읽는 것을] _____.

[해설] ③ 사역동사 get은 목적격보어 자리에 to부정사를 써야 하므로, 빈칸에 들어가기에 적절하지 않다.

05 동명사의 의미상의 주어

[해석] _____가 질문을 좀 해도 될까요?

[해설] 동명사의 의미상의 주어는 소유격 또는 목적격으로 나타내므로, ③ he는 빈칸에 적절하지 않다.

06 to부정사의 명사적 용법

해석 너는 이 새 복사기를 <u>사용하는 것</u>이 쉽다는 걸 알게 될 거야. ① 그녀는 몸매를 <u>유지하기 위해</u> 규칙적으로 요가를 한다. ② 나는 내 집을 <u>칠할</u> 누군가를 찾고 있다. ③ 가을은 한국에서 하이킹을 <u>가기에</u> 가장 좋은 계절이다. ④ Joshua는 경제학 학위를 <u>받을 것</u>을 계획했다. ⑤ 그 소년은 다시는 그의 부모를 <u>보지</u> 못할 운명이었다.

해설 주어진 문장과 ④의 밑줄 친 부분은 목적어로 쓰인 to부정사의 명사적 용법으로 쓰임이 같다. ①은 〈목적〉을 나타내는 to부정사의 부사적 용법으로 쓰였고, ②와 ③은 (대)명사를 수식하는 형용사적 용법으로 쓰였으며, ⑤는 「be to-v」 형태로 〈운명〉을 나타내는 형용사적 용법으로 쓰였다.

어휘 get in shape 몸매를 유지하다   degree 학위   economics 경제학

07 동명사와 현재분사

해석 그 선생님은 우리에게 재미있는 이야기를 <u>해 주는 것</u>을 즐기신다. ① 저 <u>빛나고 있는</u> 별들을 봐! ② 그들은 아기의 <u>웃는</u> 얼굴을 좋아했다. ③ 그는 아들을 위한 선물을 <u>포장하고 있다</u>. ④ 너는 직업을 <u>바꾸는 것</u>을 고려해 보아야 한다. ⑤ 이 담요로 저 <u>자고 있는</u> 소년을 덮어 주어라.

해설 주어진 문장과 ④의 밑줄 친 부분은 문장에서 목적어 역할을 하는 동명사로 쓰임이 같다. ①, ②, ⑤는 명사를 수식하는 현재분사이고, ③은 동사의 진행형을 만드는 현재분사이다.

어휘 wrap 포장하다, 싸다   blanket 담요, 이불

08 동명사 관용 표현 / to부정사와 동명사를 목적어로 쓰는 동사 / 동명사의 수동태

해설 ① '~하는 것에 익숙하다'는 「be used to v-ing」로 나타낸다. 「be used to-v」는 '~하는 데 사용되다'의 의미이다. (used to eat → used to eating)

어휘 local 현지의

09 forget + to부정사[동명사] / 동명사 관용 표현

해석 A: 엄마, 집에 오는 길에 달걀을 <u>사야</u> 할 것을 잊었어요.   B: 괜찮아. 오늘 저녁에 식료품을 사러 쇼핑을 갈 거란다.

해설 A. '(앞으로) ~해야 할 것을 잊다'는 「forget to-v」이므로, 빈칸에는 to buy가 들어가야 한다. / B. '~하러 가다'라는 의미의 동명사 관용 표현은 「go v-ing」이므로, 빈칸에는 shopping이 들어가야 한다.

어휘 grocery 식료품

10 to부정사를 이용한 구문 / 동명사 관용 표현

해석 A: 나는 말 한 마리를 <u>먹을</u> 만큼 배고파.   B: 나도 배고파. 나는 스테이크를 먹고 싶어.

해설 A. '~할 만큼 충분히 …한'은 「형용사[부사] + enough + to-v」의 형태이므로, 빈칸에는 to eat이 들어가야 한다. / B. '~하고 싶다'는 「feel like v-ing」의 형태이므로, 빈칸에는 having이 들어가야 한다.

11 독립부정사 / 원형부정사

해석 ① 사실대로 말하자면, 나는 Jack을 좋아하지 않는다. ② 그 사랑 이야기는 사람들을 울게 한다. ④ 나는 내 친구들을 나의 집으로 오게 했다. ⑤ 말할 필요도 없이, 나리는 내 가장 친한 친구이다.

해설 ③ 지각동사 hear는 목적격보어로 원형부정사 또는 현재분사를 쓴다. (to sing → sing 또는 singing)

12 가주어 it / to부정사를 이용한 구문 / 「의문사 + to부정사」

해석 ① 각각의 페이지에 서명하는 것이 필요하다. ② 나는 너무 피곤해서 잠자리에서 일어날 수 없었다. / 나는 너무 피곤해서 잠자리에서 일어날 수 있었다. ③ 그녀는 영어 교사였던 것처럼 보인다. ④ 그는 다음에 어디로 가야 할지 결정하지 않았다. ⑤ Ian은 건물 하나를 살 만큼 부유하다. / Ian은 너무 부유해서 건물 하나를 살 수 있다.

해설 ② 「too + 형용사 + to-v」는 '너무 ~해서 …할 수 없는'의 의미이고, 「so + 형용사 + that + 주어 + can + 동사원형」은 '너무 ~해서 …할 수 있는'의 의미이므로, 두 문장의 의미는 같지 않다.

어휘 necessary 필요한   get out of bed 잠자리에서 일어나다

13 「의문사 + to부정사」

해석 ① 아기가 울 때마다 나는 무엇을 해야 할지 모르겠다. ② 너는 이 기계를 어떻게 끄는지 아니? ③ 너와 Max는 어디서 만날 지 결정했니? ④ 경기가 언제 시작하는지 나에게 알려줘. 내가 집에서 어떻게(→ 언제) 떠나야 하는지 말해줄게. ⑤ 그는 우울한 것처럼 보였다. 그녀는 그 당시에 그에게 뭐라고 말해야 할지 몰랐다.

해설 ④ 문맥상 집에서 떠나는 때를 말해주겠다는 것이 자연스럽다. '어떻게 ~할지'의 「how to-v」를 '언제 ~할지'의 「when to-v」로 고쳐야 한다.

어휘 depressed 우울한

14 to부정사를 목적어로 쓰는 동사

해석 a. 그 남자는 자기 이름을 말하는 것을 거부했다.   b. 오늘 밤 영화를 보러 갈 수 없다고 <u>말하게</u> 되어 유감이다.

해설 a. refuse는 to부정사를 목적어로 쓴다. / b. regret은 to부정사와 동명사를 모두 목적어로 쓸 수 있지만, 의미 차이가 있다. 문맥상, '~하게 되어 유감이다'라는 뜻이 되어야 하므로, 빈칸에는 to부정사인 ② to say만이 들어갈 수 있다.

15 원형부정사 / 「be to-v」 용법

해석 a. 그의 엄마는 그에게 헬멧을 <u>쓰게</u> 했다.   b. 학생들은 학교에서 교복을 <u>입어야</u> 한다.

해설 a. 동사 get은 목적격보어로 to부정사를 쓴다. / b. 「be to-v」 형태를 써서 '~해야 한다'라는 〈의무〉의 의미를 나타낼 수 있다.

16 to부정사와 동명사를 목적어로 쓰는 동사 / 동명사 관용 표현 / 동명사의 역할

해석 Cristina가 한국에 살았을 때, 그녀는 한국 드라마를 보는 것을 좋아했다. 처음에 그녀는 드라마를 이해하는 데 어려움을 겪었다. 하지만, 그녀는

한국어를 공부하는 데 많은 시간을 보냈다. 이제 그녀는 스페인 어 자막 없이 드라마를 보는 데에 익숙하다. 그리고 그녀는 한국어를 말하는 것에도 능숙하다.

해석 ② '~하는 데에 어려움을 겪다'는 「have difficulty (in) v-ing」의 형태이다. (had difficulty to understand → had difficulty (in) understanding)

어휘 subtitle 자막

17 to부정사 / 원형부정사
해석 ① 나는 그의 음식을 좋아하는 척했다. ② Mike와 노는 것은 재미있었다. ③ 그녀는 친구들이 그녀의 책상을 옮기게 했다. ④ 그의 개는 17년을 살았다. ⑤ 그의 상사는 그에게 마감을 맞추게 했다.

해설 ⑤ 사역동사 make는 목적격보어로 원형부정사를 쓴다. 따라서 빈칸에는 아무것도 들어가지 않는 것이 적절하다.

어휘 meet the deadline 마감에 맞추다

18 to부정사를 이용한 구문 / to부정사를 목적어로 쓰는 동사 / 원형부정사
해석 a. 이 감자튀김은 내가 먹기에 너무 짜다. c. 그 노인은 도움이 필요한 것처럼 보였다. d. 부모님은 내가 밤늦게 외출하지 못하게 하신다.

해설 b. plan은 to부정사를 목적어로 쓰는 동사이다. (hiring → to hire)

어휘 salty 짠, 짭짤한 hire 고용하다

19 to부정사, 동명사를 목적어로 쓰는 동사 / 원형부정사 / 「의문사 + to부정사」
해석 ① 우리는 런던에서 좋으면서 저렴한 호텔을 찾기를 희망한다. ② 아빠는 나에게 여행 가방을 가져오게 하셨다. ⑤ 그는 돈을 현명하게 쓰는 방법을 배워야 한다.

해설 ③ expect는 to부정사를 목적어로 쓰는 동사이다. (win → to win) ④ avoid는 동명사를 목적어로 쓰는 동사이다. (to eat → eating)

어휘 suitcase 여행 가방 match 경기, 시합 wisely 현명하게

20 동명사의 의미상 주어 / to부정사 + 전치사 / 동명사 관용 표현 / 동명사의 수동태 / 가목적어 it
해석 a. 네가 시험에서 떨어진 것에 대해 유감이다. b. 너는 함께 일할 누군가를 찾았니?

해설 c. 「feel like v-ing」는 '~하고 싶다'의 의미로, like가 전치사이므로 뒤에 동명사가 와야 한다. (to talk → talking) / d. 문맥상 '초대받지 못한 것'이 자연스러우므로 동명사의 수동태인 「being v-ed」 형태로 써야 한다. (inviting → being invited) / e. to부정사 목적어가 길어지는 경우, to부정사(구)를 뒤로 보내고, 그 자리에 가목적어 it을 대신 써야 한다. (found hard → found it hard)

어휘 trust 신뢰하다, 믿다

21 forget + 동명사[to부정사] / to부정사의 부사적 용법
해석 1) 그는 지난주에 그 책을 빌린 것을 잊어버렸다. 이제 그는 연체료를

내야 한다.
2) 우리는 몇 시간 동안 운전해 오고 있어. 좀 쉬기 위해 멈추는 게 어때?

해설 1) 문맥상 '(과거에) ~했던 것을 잊다'라는 의미이므로 「forget + 동명사」가 들어가야 한다.
2) 문맥상 '쉬기 위해 멈추다'라는 뜻이 되어야 하므로, 빈칸에는 '~하기 위해 멈추다'라는 뜻의 「stop + to부정사」가 들어가야 한다. 이때 to부정사는 〈목적〉을 나타내는 부사적 용법이다.

어휘 late fee 연체료

22 to부정사를 이용한 구문 / 동명사를 목적어로 쓰는 동사
해석 A: Dean, 눈이 많이 내리고 있어. 내 생각에는 네가 직장에 운전해서 가기 너무 위험해. B: 정말? 어떡하면 좋지? A: 집에 차를 놔두고 가는 것을 제안해.

해설 2행: '너무 ~해서 …할 수 없는'의 의미는 「too + 형용사 + to-v」로 쓴다. (driving → to drive)
4행: suggest는 동명사를 목적어로 쓰는 동사이다. (to leave → leaving)

23 to부정사를 이용한 구문 / 동명사의 시제
해석 1) 냉장고에 뭔가 문제가 있는 것처럼 보였다. 2) 나는 어제 무대에서 춤을 췄던 것이 부끄럽다.

해설 1) 「It seems that + 주어 + 동사」는 '(주어)가 ~인 것 같다'라는 뜻으로, 「seem to-v」로 바꿔 쓸 수 있다. 주절의 시제와 that절의 시제가 같으므로 단순부정사를 쓴다.
2) 전치사 of 뒤에는 동명사를 써야 하고, that절의 시제가 주절의 시제보다 앞서므로 동명사를 이용해 바꿔 쓸 때는 완료동명사(having v-ed)를 쓴다.

어휘 ashamed 부끄러운

24 to부정사와 동명사를 목적어로 쓰는 동사 / to부정사의 부사적 용법
해석 나는 아픈 사람들을 돕고 싶기 때문에, 자라서 의사가 ¹) 되기를 원한다. 내 꿈을 ²) 성취하기 위해서, 나는 계속해서 열심히 ³) 공부할 것이다. 또한, 나는 병원에서 자원봉사를 하고 아픈 사람들을 돌볼 것이다. 나는 내 꿈을 실현되게 ⁴) 하기 위해 노력할 것이다.

해설 1) want는 to부정사를 목적어로 쓰는 동사이다.
2) 문맥상 '~하기 위해서'라는 뜻이 되어야 하므로, 빈칸에는 〈목적〉을 나타내는 to부정사가 들어가야 한다.
3) keep은 동명사를 목적어로 쓰는 동사이다.
4) '~하기 위해 노력하다'는 「try + to-v」의 형태이다.

어휘 achieve 성취하다 volunteer 자원봉사를 하다

25 동명사 관용 표현
해석 A: 당신의 개가 밤늦게 짖는 것을 막아주세요. 제 아기가 깨서 밤새 울었어요. B: 오, 정말 죄송해요

해설 '~가 …하는 것을 막다'의 의미는 「keep + 목적어 + from v-ing」로 나타낸다.

UNIT 03 | 모의고사

pp.42~45

1회

1 ④ 2 ① 3 ⑤ 4 ④ 5 ③ 6 ③ 7 ③ 8 ④ 9 ① 10 ③
11 ⑤ 12 ②, ⑤ 13 ①, ④ 14 ② 15 ② 16 ⑤ 17 ②, ⑤
18 ②, ④ 19 ② 20 ④ 21 1) Having finished dinner
2) Not knowing what to do 22 The more arguments
you win, the fewer friends you will have. 23 three times
more expensive 24 1) X, stolen 2) X, one of the most
popular snacks 3) O 25 1) not as[so] light as 2) the
shortest month

01 현재분사
해석 검은색 원피스를 입고 있는 그 여자는 나의 이모이다.
해설 빈칸에는 앞의 명사 The woman을 수식하면서 〈능동〉의 의미를 나타내는 현재분사 ④ wearing이 들어가는 것이 적절하다.

02 원급을 이용한 비교
해석 이 리메이크는 원작 영화만큼 훌륭하지 않다.
해설 '~만큼 …하지 않은[않게]'는 「not + as + 원급 + as」의 형태이므로, 빈칸에는 원급 형용사인 ① good이 들어가는 것이 적절하다.

03 with + (대)명사 + 분사
해석 나의 아버지는 모자가 눈에 덮인 채로 집에 오셨다.
해설 「with + (대)명사 + 분사」는 '~이 …한[된] 채로'의 의미이며, 명사 his hat과 분사가 수동 관계이므로, 빈칸에는 과거분사 ⑤ covered가 들어가는 것이 적절하다.

04 비교급을 이용한 비교
해석 Nate는 그의 형보다 더 _____.
① 주의 깊다 ② 활발하다 ③ 인기 있다 ④ 힘이 세다 ⑤ 참을성이 있다
해설 ④ strong은 원급에 -er을 붙여 비교급 형태를 만들고, 나머지는 모두 앞에 more를 붙여 비교급을 만든다.

05 현재분사와 동명사
해석 ① 그는 학교의 모든 선생님들에게 알려져 있어서 잘 행동하려고 노력했다. ② 너무 아파서 James는 결근했다. ③ 좋은 청자가 되는 것은 보통 좋은 화자가 되는 것보다 더 중요하다. ④ 아침형 인간이기 때문에 Lance는 항상 오전 7시 이전에 일어났다. ⑤ 피곤해서 그녀는 일찍 잠자리에 들었다.
해설 ③의 Being은 주어 역할을 하는 명사구를 이끄는 동명사이고, 나머

지는 모두 분사구문을 만드는 현재분사이다.

06 감정을 나타내는 분사
해석 a. 나는 이 혼란스러운 지도로 아무것도 찾을 수 없어! b. 유미는 우울할 때 너무 많이 먹는다.
해설 a. 문맥상 '혼란스럽게 하는'의 〈능동〉의 의미가 되어야 하므로 현재분사 confusing이 들어가야 한다. / b. 문맥상 '우울한 감정을 느끼는'의 〈수동〉의 의미가 되어야 하므로 과거분사 depressed가 들어가야 한다.

07 원급, 최상급을 이용한 비교
해석 a. Josh는 가능한 한 빨리 식사를 마쳤다. b. 그의 마을에서 어떤 아이도 Mark보다 작지 않다.
해설 a. '가능한 한 ~하게'는 「as + 원급 + as possible」의 형태이므로, 빈칸에는 possible이 들어가야 한다. / b. '어떤 것[누구]도 …보다 더 ~하지 않은'은 「No (other) + 단수명사 ~ 비교급 + than」의 형태로 나타내므로, 빈칸에는 No가 들어가야 한다.

08 완료분사구문
해석 나는 수학 시험에 낙제했기 때문에, 수학 수업을 재수강해야 했다.
해설 ④ 「having v-ed」의 완료분사구문은 부사절의 시제가 주절의 시제보다 앞설 때 사용하는 것인데, 주절의 시제가 과거이므로 부사절의 시제는 과거완료인 「had v-ed」가 되어야 한다.

09 비교급을 이용한 최상급 표현
해석 Matt는 그의 팀에서 가장 키가 큰 선수이다. → Matt는 팀의 다른 어떤 선수보다도 키가 크다.
해설 첫 번째 문장은 최상급의 의미를 나타내는 것으로, 이것은 '다른 어떤 …보다 더 ~한'의 의미인 「비교급 + than any other + 단수명사」의 형태로 바꿀 수 있다.

10 비교급을 이용한 비교
해석 a. 더 많이 살수록 물품 하나당 가격은 더 싸진다. b. 한 씨의 식당은 점점 더 인기 있어졌다.
해설 a. The + 비교급~, the + 비교급…: ~하면 할수록 더 …한 / b. 비교급 + and + 비교급: 점점 더 ~한
어휘 per ~당, ~마다

11 감정을 나타내는 분사
해석 Jason은 한국 역사에 매우 관심이 있다.
① 뭔가 하기에 흥미로운 것이 있니? ② 아빠는 골프가 매우 흥미로운 스포츠라고 생각하신다. ③ 당신은 잡지에서 흥미로운 사진을 찾았나요? ④ 너에게 흥미로운 이야기를 좀 해 줄게. ⑤ 그의 수업은 인기 있으므로 관심이 있다면 빨리 등록해라.
해설 interest처럼 감정을 나타내는 동사는 '~한 감정을 유발하는'이라는 〈능동〉의 뜻이면 현재분사로 쓰고, '~한 감정을 느끼게 되는'이라는 〈수동〉의 뜻이면 과거분사로 써야 한다. 따라서, 주어진 문장과 ⑤의 빈칸에는 과

거분사 interested가 들어가고, 나머지 문장의 빈칸에는 모두 현재분사 interesting이 들어간다.

어휘 sign up 등록하다

12 비교급 강조

해석 그 배우는 내가 상상했던 것보다 훨씬 더 잘생겼다.

해설 비교급을 강조하는 부사로는 much, far, even, still, a lot 등이 있다. ② very는 원급을 강조하는 부사이고, ⑤ a lot of는 명사를 수식하는 수량형용사로 빈칸에 들어가기에 적절하지 않다.

13 수동분사구문

해설 주어진 우리말을 접속사가 있는 부사절 형태로 영작하면 ④ If they are used properly, ...가 되며, 부사절을 분사구문으로 만들면, 수동분사구문인 ① (Being) Used properly, ...가 된다.

어휘 antibiotic (pl.) 항생제　recover 회복되다　illness 질병　properly 적절히

14 원급과 비교급을 이용한 최상급 표현

해석 Sue는 회사에서 가장 나이가 많은 직원이다.
① 회사의 어떤 직원도 Sue만큼 나이가 많지 않다.　② Sue는 회사에서 가장 나이가 많은 직원들 중 한 명이다.　③ 회사의 어떤 직원도 Sue보다 더 나이가 많지 않다.　④ Sue는 회사의 다른 어떤 직원보다 나이가 많다.
⑤ Sue는 회사의 다른 모든 직원보다 나이가 많다.

해설 주어진 문장과 ①, ③, ④, ⑤는 모두 'Sue가 회사에서 가장 나이가 많다'는 최상급의 의미를 나타내는 반면, ②는 'Sue가 회사에서 가장 나이가 많은 직원들 중 한 명'이라는 의미이지, 가장 나이가 많은 직원임을 의미하지는 않는다.

15 현재분사와 과거분사 / 분사구문

해석 ① 나는 내 딸이 우리를 위해 스파게티를 요리하고 있는 것을 알았다.　③ 창문 밖을 보고, 나의 개는 짖기 시작했다.　④ 샤워한 후에, 나는 물 한 잔을 마셨다.　⑤ 결혼식에 초대받은 사람들 대부분은 그의 직장동료였다.

해설 ② 분사구문의 부정은 분사 앞에 부정어 not이나 never 등을 쓴다. (Having not → Not having)

어휘 bark 짖다　coworker 동료, 함께 일하는 사람

16 비교 / 감정을 나타내는 분사 / with + (대)명사 + 분사

해석 ① 이것은 지금까지 내가 먹어본 수프 중 최악의 수프이다.　② 그 어떤 섬도 Bishop Island만큼 작지 않다.　③ 그 어떤 것도 참된 우정보다 더 중요하지 않다.　④ 짜증스러운 소리가 영화를 보는 동안 나를 방해했다.

해설 ⑤「with + (대)명사 + 분사」에서 명사와 분사의 관계가 〈수동〉이므로 과거분사인 crossed가 와야 한다. (crossing → crossed)

17 감정을 나타내는 분사 / 분사구문 / 비교급을 이용한 비교

해석 ② 혼란스러워서 그는 설명을 요구했다.　⑤ 호텔에 체크인한 뒤 우리는 저녁을 먹으러 나갔다.

해설 ① frighten처럼 감정을 나타내는 동사는 '~한 감정을 유발하는'이라는 〈능동〉의 뜻이면 현재분사로 써야 한다. (frightened → frightening) ③「with + (대)명사 + 분사」는 '…가 ~한[된] 채로'의 의미이며, 명사인 the radio와 분사가 〈수동〉 관계이므로 과거분사를 써야 한다. (turn → turned)　④ '점점 더 ~한[하게]'은「비교급 + and + 비교급」의 형태로 나타낼 수 있다. (fast and fast → faster and faster)

어휘 pound (가슴이) 쿵쿵 뛰다　approach 다가가다[오다]　check in 투숙[탑승] 수속을 밟다

18 비교 / 분사구문

해석 ② 내 새 차는 예전 것보다 훨씬 더 좋다.　④ 내가 어디에 있는지 알지 못해서, 나는 걷기 시작했다.

해설 ① '~보다 우월한'을 뜻하는 비교급 표현은 superior to이다. (than → to)　③ 분사구문의 생략된 주어인 this towel과 동사인 use 사이에 〈수동〉 관계가 성립하므로, Using은 수동분사구문인 Used로 고쳐야 한다. (Using → Used)　⑤ 형용사 funny는 y를 i로 고치고 -est를 붙여 최상급을 만든다. (most funny → funniest)

어휘 wear out 닳다

19 분사구문 / 원급, 비교급을 이용한 비교

해석 a. 눈을 감은 채 한 다리로 서라.　b. 그녀는 전화로 이야기하면서 인터넷 검색을 했다.　e. 팝콘을 먹으면서, Andrew는 영화를 봤다.

해설 c. '~하면 할수록 더 …한[하게]'은「the + 비교급~, the + 비교급…」의 형태이므로, 원급 형용사인 little을 비교급 형용사인 less로 고쳐야 한다. (little → less) / d. '가능한 한 ~하게'는「as + 원급 + as + 주어 + can」의 형태로, 비교급인 more kindly가 아닌 원급인 kindly가 되어야 한다. (more kindly → kindly)

어휘 surf 인터넷을 검색하다　treat 치료하다　patient 환자

20 원급, 비교급을 이용한 비교 / 현재분사와 과거분사

해석 b. 그의 방은 내 방의 두 배만큼 더 크다.　c. 도서관에서는 가능한 한 조용히 말하라.　d. 나는 비행기가 산 위로 날아가는 것을 보았다.　e. 나는 내 구두가 고쳐지게 했다.

해설 a. than은 비교급과 어울리는 전치사이므로, 원급 형용사인 soft와 함께 쓰일 수 없다. (soft → softer)

어휘 repair 수리[수선]하다

21 분사구문

해석 1) 저녁식사를 마친 후에, 그는 샤워를 했다.
2) 무엇을 해야 할지 몰랐기 때문에, 나는 그곳에 그냥 서 있었다.

해설 1) After he had finished dinner라는 부사절을 분사구문으로 만들려면, 우선 부사절의 접속사 After를 생략하고, 주절과 동일한 주어(he)를 생략한다. 부사절의 시제가 주절의 시제보다 한 시제 앞서므로「having v-ed」의 형태로 쓴다.
2) As I didn't know what to do라는 부사절을 분사구문으로 만들려면, 우선 부사절의 접속사 As를 생략하고, 주절과 동일한 주어(I)를 생략한 다음에, 부사절에 남은 동사를 「v-ing」 형태로 만들어 knowing으로 쓴다. 마지

막으로 부사절이 부정문이므로, 분사구문 앞에 Not을 붙여 부정형을 만든다.

22 비교급을 이용한 비교
해설 '~하면 할수록 더 …한[하게]'을 뜻하는 「the + 비교급~, the + 비교급…」의 형태를 사용해서 문장을 완성해 본다.
어휘 argument 논쟁

23 원급을 이용한 비교
해석 Hotel A는 1박에 25달러이다. Hotel B는 1박에 75달러이다.
→ Hotel B는 Hotel A보다 세 배 더 비싸다.
해설 25달러인 Hotel A보다 75달러인 Hotel B가 세 배 더 비싸므로 「배수사 + 비교급 + than」을 사용하여 three times more expensive로 쓸 수 있다.

24 분사 / 비교급, 최상급을 이용한 비교
해석 3) 그 가수는 그래미 상을 받은 이후로 점점 더 유명해졌다.
해설 1) 사역동사 have의 목적어와 목적격보어가 〈수동〉 관계이므로, steal을 과거분사 stolen으로 고쳐야 한다.
2) '가장 ~한 …중 하나'는 「one of the + 최상급 + 복수명사」의 형태이므로, 단수명사 snack은 복수명사 snacks로 고쳐야 한다.

25 비교
해석 1) 보통, 천 가방이 가죽 가방보다 가볍다. → 보통, 가죽 가방은 천 가방만큼 가볍지 않다.
2) 일 년 중 어떤 달도 2월보다 짧지 않다. → 2월은 일 년 중에서 가장 짧은 달이다.
해설 1) 주어진 문장의 「A + 비교급 + than + B」는 'A는 B보다 더 ~한' 의미로, 'B는 A만큼 ~하지 않는'의 의미인 「B + not + as[so] + 원급 + as + A」로 바꿔 쓸 수 있다.
2) 주어진 문장의 「No other + 단수명사 ~ 비교급 + than」은 '어떤 것도 …보다 더 ~하지 않은'의 의미로, '가장 ~한'의 의미의 최상급 표현인 「the + 최상급」으로 바꿔 쓸 수 있다.

2회

1 ③ 2 ③ 3 ③ 4 ④ 5 ② 6 ④ 7 ③ 8 ④ 9 ② 10 ④
11 ② 12 ③ 13 ③ 14 ④ 15 ③ 16 ⑤ 17 ③ 18 ④
19 ① 20 ② 21 1) The later, the darker 2) as long as I can 22 1) the best cake, tasted 2) the most boring movie, seen 23 1) Patrick heard his name called 2) Do you know the man talking to 24 1) with her dog following her 2) Not wanting to be late 25 1) (Being) Embarrassed 2) The road being blocked

01 비교급 강조
해석 그의 여자친구는 그보다 훨씬 더 나이가 많다.
해설 ③ 비교급(older)을 강조하는 부사로는 much, far, even, still, a lot 등이 있다.

02 비교급을 이용한 비교
해석 눈이 더 많이 오면 올수록 차량들은 더 천천히 이동했다.
해설 '~하면 할수록 더 …한'의 의미는 「the + 비교급~, the + 비교급…」으로 나타내므로 빈칸에는 「the + 비교급」의 형태인 ③ the slower가 와야 한다.

03 분사구문
해석 배가 고파서 그는 피자를 시키기로 결정했다.
해설 문맥상 분사구문에서 생략된 접속사는 '이유'를 나타내는 것이 적절하므로 주어진 문장의 밑줄 친 부분은 ③ Since he felt hungry와 의미가 같다.

04 원급과 비교급을 이용한 최상급 표현
해설 ④는 'Jim은 우리 반의 다른 소년들만큼 키가 크지 않다'는 의미이고, 나머지는 모두 'Jim이 우리 반에서 가장 키가 크다'라는 최상급의 의미를 가진다.

05 분사구문
해석 나는 뭐라고 말해야 할지 몰랐기 때문에, 그녀에게 그저 미소를 지었다.
해설 ② As I didn't know what to say라는 부사절을 분사구문으로 만들려면, 우선 부사절의 접속사 As를 생략하고, 주절의 주어(I)와 같은 부사절의 주어를 생략한 다음에, 부사절에 남은 동사를 v-ing의 형태로 만들어 knowing으로 쓴다. 부사절이 부정문이므로 분사 앞에 부정어 Not을 붙인다.

06 독립분사구문

해석 밖에 바람이 불었기 때문에, 우리는 집에 있기로 결정했다.

해설 ④ 부사절의 주어(it)가 주절의 주어(we)와 다르므로 분사구문 앞에 부사절의 주어를 생략하지 않고 밝혀주어야 한다.

07 비교

해석 ① A 토스터기는 셋 중에서 가장 싸다. ② A 토스터기는 B 토스터기만큼 비싸지 않다. ③ B 토스터기는 C 토스터기의 절반만큼 비싸다. ④ B 토스터기는 A 토스터기보다 더 비싸고 C 토스터기보다 더 싸다. ⑤ C 토스터기는 A 토스터기보다 세 배 비싸다.

해설 B 토스터기는 C 토스터기의 절반 가격이 아니므로 ③의 문장은 표의 내용과 일치하지 않는다.

08 분사구문

해석 ① 운전하고 있을 때 조심해라. ② 실업 상태였기 때문에, 그는 정말 우울했다. ③ 나의 형은 턱수염을 면도하다가 베였다. ④ 혼자 남겨졌기 때문에, 그 소년은 울기 시작했다. ⑤ 그 책을 이미 읽었기 때문에, 나는 그것을 다시 읽고 싶지 않았다.

해설 ④ 문두에 Being이 생략된 수동분사구문으로 Since he was left alone이 되어야 한다.

어휘 unemployed 실업 상태인   shave off 면도해 버리다   beard (턱)수염

09 비교

해설 ② 최상급 의미인 '다른 어떤 …보다 더 ~한'은 「비교급 + than any other + 단수명사」라고 써야 하므로 boys를 boy로 고쳐야 한다. (boys → boy)

10 감정을 나타내는 분사

해석 a. 너무나 피곤해서 나는 저녁식사 전에 잠이 들었다. b. 그녀는 내가 만난 가장 지루한 사람들 중 하나이다.

해설 감정을 나타내는 동사는 '~한 감정을 유발하는'이라는 뜻이면 현재분사로, '~한 감정을 느끼게 되는'이라는 뜻이면 과거분사로 쓴다. a의 I는 '피곤함을 느끼는' 대상이므로 과거분사 tired가, b의 She는 '지루하게 하는' 주체이므로 boring으로 쓴다.

11 분사구문

해석 a. 남편에게로 몸을 돌리며, 그녀는 이야기를 하기 시작했다. b. 벌레에 물려서 나는 간지러웠다.

해설 a. 분사구문으로 v-ing 형태인 Turning이 와야 한다. / b. 수동분사구문이며 주절의 시제보다 앞서므로 「having been v-ed」 형태인 Having been이 온다.

어휘 itchy 가려운

12 현재분사와 동명사

해석 ① 우리를 호텔로 데려가던 택시가 고장이 났다. ② 주황색 조끼를 입은 저 사람들은 누구니? ③ Joel은 한국어 독학하는 것을 포기했다. ④ 나는 시끄럽게 울리는 초인종으로 인해 잠에서 깼다. ⑤ Jack은 내게 땅콩이 들어있는 초콜릿을 주었다.

해설 ③의 밑줄 친 부분은 문장에서 목적어 역할을 하는 동명사이고, 나머지는 모두 명사를 수식하는 현재분사이다.

어휘 teach oneself 독학하다   contain ~이 들어 있다

13 원급과 비교급을 이용한 최상급 표현

해석 ① 서울은 한국에서 가장 혼잡한 도시다. ② 한국의 어떤 도시도 서울보다 더 혼잡하지 않다. ③ 한국의 다른 모든 도시들은 서울만큼 혼잡하다. ④ 서울은 한국의 다른 어떤 도시보다 더 혼잡하다. ⑤ 서울은 한국의 다른 모든 도시보다 더 혼잡하다.

해설 ③을 제외한 나머지 문장들은 모두 '서울이 한국에서 가장 혼잡한 도시다'라는 최상급의 의미를 가지는 반면, ③은 '한국의 다른 모든 도시들도 서울만큼 혼잡하다'는 의미를 가진다.

어휘 crowded 혼잡한

14 비교급을 이용한 비교

해설 괄호 안의 말을 배열하면 he went to bed earlier than usual이 된다. 따라서 2번째와 5번째 오는 말은 각각 went와 earlier이다.

15 분사구문 / 현재분사와 과거분사

해석 a. 캄보디아에 도착했을 때, 나는 내 여행가이드에게 연락을 했다. b. 그 카페는 밤 늦게 도착하는 호텔 손님들을 위해 24시간 문을 연다.

해설 a. 〈동시동작〉을 나타내는 분사구문의 형태인 Arriving이 들어가야 한다. / b. 명사 hotel guests를 수식하며 〈능동〉의 의미를 나타내는 현재분사 arriving이 들어가야 한다.

16 분사 / 비교

해석 ① 내 컴퓨터를 만지는 누구든 곤란에 처할 것이다. ② 너는 시내에서 훨씬 더 근사한 식당들을 찾을 수 있다. ③ 그 호텔은 사진에 보인 것만큼 근사하지는 않았다. ④ 나는 이번 여름에 브라질에 가는 것에 대해 몹시 신이 난다.

해설 ⑤ 사진은 '찍히는' 것이므로, taking은 〈수동〉의 의미를 가지는 과거분사 taken으로 고쳐야 한다. (taking → taken)

어휘 in trouble 곤경에 빠져서   downtown 시내에

17 비교급을 이용한 비교 / 분사구문 / with + (대)명사 + 분사

해석 ① 나는 보통 여섯 시간보다 많이 잔다. ② 네 영어는 점점 더 나아지고 있다. ④ 나는 온 불을 켜둔 채 집을 나왔다. ⑤ 그는 문을 세게 닫아 큰 소음을 냈다.

해설 ③ 분사구문의 생략된 주어인 I와 동사인 finish 사이에 〈능동〉 관계가 성립하므로, finished를 v-ing의 형태인 finishing으로 고쳐야 한다. (finished → finishing)

어휘 slam 쾅 닫다

18 분사구문 / 감정을 나타내는 분사 / 비교

해석 메뉴의 사진을 보면서, 내 친구와 나는 버거를 주문했다. 그러나, 우리는 우리 버거가 사진 속의 것들과 다르다는 사실에 실망했다. 또한, 그것은 우리가 기대했던 것보다 훨씬 작았다. 우리는 웨이터를 불러 불평했다. 웨이터는 "사진은 항상 실제의 것보다 더 좋아 보입니다."라고 말했다. 나는 음식이 사진 속의 음식에 더 가까워 보일수록, 고객들이 더 행복할 것이라고 생각한다.

해설 ④ than은 비교급과 어울리는 전치사이므로, 최상급 형용사인 best가 아닌 비교급인 better가 와야 한다. (best → better)

어휘 complain 불평하다

19 비교 / 현재분사와 과거분사 / 분사구문

해석 a. 다리를 가능한 한 높이 들어올려라.   b. 새 극장은 예전 것보다 세 배 더 크다.

해설 c. 아이들이 '달리는' 것이므로 those kids를 수식하는 현재분사 running이 와야 한다. (run → running) / d. 분사구문의 생략된 주어인 we와 동사 find 사이에 능동 관계가 성립하며 분사구문의 시제가 한 시제 앞서므로 「having v-ed」의 형태가 되어야 한다. (Found → Having found)

20 비교 / 감정을 나타내는 분사

해석 a. 음악에서 accelerando는 네가 점점 더 빠르게 연주해야 함을 의미한다.   c. Jamie는 세상에서 가장 행복한 사람인 것 같다.   d. Michael은 그의 팀의 다른 어떤 선수보다 더 경기를 잘 한다.

해설 b. 문맥상 '우울한 감정을 느끼는'이라는 〈수동〉의 의미가 적절하므로 과거분사인 Depressed가 와야 한다. (Depressing → Depressed)

21 원급, 비교급을 이용한 비교

해설 1) '~하면 할수록 더 …한[하게]'을 뜻하는 「the + 비교급~, the + 비교급…」의 형태를 사용해서 문장을 완성해 본다.
2) '가능한 한 ~하게'를 뜻하는 「as + 원급 + as + 주어 + can」의 형태를 사용해서 문장을 완성해 본다.

22 최상급을 이용한 비교

해석 1) 너는 여동생과 케이크를 먹고 있다. 그것은 정말 맛있다. → "이것은 내가 먹어본 케이크 중 최고의 케이크야."
2) 너는 지금 막 친구와 영화를 봤다. 그것은 정말 지루했다. → "저것은 내가 본 영화 중 가장 지루한 영화였어."

해설 1), 2) '(주어가) 지금까지 ~한 것 중 가장 …한'을 뜻하는 「the + 최상급 + 명사 (+ that) + 주어 + have ever v-ed」의 형태를 사용해서 문장을 완성해 본다.

23 분사

해설 1) 「지각동사 + 목적어 + 목적격보어(과거분사)」의 어순에 유의하여 문

장을 배열한다.
2) 분사에 수식어구가 붙어 길어지면 분사가 명사를 뒤에서 수식한다는 것에 유의하여 단어를 배열한다.

24 분사구문

해설 1) '~이 …한[된] 채로'라는 의미의 「with + (대)명사 + 분사」를 이용해 쓴다.
2) 분사구문 형태인 wanting을 쓰고, 분사구문 앞에 부정어 not을 써서 부정형으로 만든다.

25 분사구문

해석 1) 나는 쑥쓰러웠기 때문에 내 얼굴을 가렸다.
2) 도로가 막혀 있어서 나는 다른 길로 가야만 했다.

해설 1) 수동분사구문으로 Being은 생략할 수 있다.
2) 주절의 주어(I)와 부사절의 주어(the road)가 다르므로 부사절의 주어를 생략하지 않고 분사 앞에 써 준다.

UNIT 04 | 모의고사

1회

1 ③ 2 ⑤ 3 ② 4 ⑤ 5 ③ 6 ② 7 ⑤ 8 ①, ③ 9 ②
10 ③ 11 ② 12 ③, ④ 13 ③ 14 ① 15 ③ 16 ④ 17 ④
18 ③ 19 ①, ⑤ 20 ② 21 1) a café where you can have
the tastiest coffee 또는 a café that[which] you can have
the tastiest coffee at 또는 a café at which you can have
the tastiest coffee 2) a house whose door is painted
blue 22 1) whether[if] 2) When do you think 23 was
so heavy that I couldn't go out 24 Halloween is a day
when children wear funny costumes. 25 1행: did Joy →
Joy did 8행: because of → because

01 복합관계부사

해설 ③ '아무리 ~하더라도'의 의미로 양보의 부사절을 이끄는 복합관계부사
는 however이다.

02 관계대명사 what

해석 나는 내 생일선물로 엄마가 주신 것이 마음에 들었다.

해설 ⑤ 빈칸 앞에 선행사(명사)가 없으므로, 선행사를 포함하는 관계대명
사 what이 들어가는 것이 적절하다.

03 시간 부사절의 시제

해석 그는 숙제를 마친 후에 나에게 전화할 것이다.

해설 ② 시간을 나타내는 부사절에서는 현재시제가 미래시제를 대신한다.

04 소유격 관계대명사

해석 나는 꼬리가 5인치인 도마뱀을 가지고 있다.

해설 ⑤ 문맥상 '그것의 꼬리'가 되어야 하므로 소유격 관계대명사 whose
를 쓴다.

어휘 lizard 도마뱀

05 접속사와 전치사

해석 (A) 비에도 불구하고 경기는 계속되었다. (B) 다른 사람이 말하는 동
안에는 주의 깊게 들으려 노력해. (C) 폭설 때문에 지하철 운행이 중단되었
다.

해설 (A) 괄호 뒤에 명사가 오므로 전치사 despite가 와야 한다. / (B) 괄
호 뒤에 「주어 + 동사」 형태의 절이 오므로 접속사 while이 와야 한다. /
(C) 괄호 뒤에 명사가 오므로 전치사인 Because of가 와야 한다.

06 소유격 관계대명사 / 관계대명사의 계속적 용법

해석 a. Ryan은 다리가 부러진 남자를 도와주었다. b. Katherine은 여
권을 잃어버렸는데, 그것이 그녀의 여행을 망쳤다.

해설 a. 문맥상 '그의 다리'가 되어야 하므로 소유격 관계대명사 whose가
와야 한다. / b. 앞의 절의 내용을 선행사로 하는 계속적 용법의 관계대명사
which가 와야 한다.

07 종속접속사 if

해석 ① 나는 그녀가 독신인지 확신할 수 없다. ② 그는 회의가 있는지 몰
랐다. ③ 나는 날씨가 좋든지 안 좋든지 상관하지 않는다. ④ 나는 그가 미
국 출신인지 아닌지 확신하지 못한다. ⑤ 만약 네가 러시아어를 배우고 싶
다면, 우리 동호회에 가입해라.

해설 ⑤의 밑줄 친 if는 '만일 ~라면[한다면]'이라는 뜻의 부사절을 이끄는
종속접속사이고, 나머지 밑줄 친 if는 모두 '~인지 (아닌지)'라는 뜻의 명사절
을 이끄는 종속접속사이다.

어휘 single 독신인, 혼자인 care 상관하다, 관심을 가지다

08 관계대명사의 생략

해석 ① 이것은 1910년에 만들어진 차다. ② 그는 부인이 과학자인 남자
다. ③ 나는 Susan이 뿌리곤 했던 것과 똑같은 향수를 샀다. ④ Leo는
영화에서 로미오 역할을 했던 배우다. ⑤ Amy는 내 사무실을 나와 함께 쓰
는 사람이다.

해설 ①처럼 뒤에 분사가 이어질 때 「주격관계대명사 + be동사」는 생략할
수 있으며, ③은 목적격 관계대명사로 생략 가능하다. ②의 소유격 관계대명
사, ④의 주격 관계대명사는 생략할 수 없으며, ⑤처럼 「전치사 + 관계대명
사」의 순서로 쓰인 경우, 목적격 관계대명사는 생략할 수 없다.

어휘 perfume 향수 share 공유하다

09 복합관계사 / 관계사의 계속적 용법 / 관계대명사

해석 ② '그곳에서'라고 했으므로 장소를 선행사로 하는 계속적 용법의 관계
부사 where가 와야 한다. (which → where)

어휘 fountain pen 만년필 post 게시하다 poem 시

10 간접의문문

해석 너는 아니? + 그는 어떻게 감옥에서 탈출했니?

③ 너는 그가 어떻게 감옥에서 탈출했는지 아니?

해설 ③ 의문사(How)가 있는 의문문이 간접의문문으로 쓰일 경우, 「의문
사 + 주어 + 동사」의 어순으로 쓴다.

어휘 escape 탈출하다 jail 감옥

11 관계대명사 what

해석 ① 우리에게 일어난 일은 믿을 수 없었다. ② 그는 작동되지 않는 라디
오를 가지고 있다. ③ 이 바지는 내가 사고 싶은 것이다. ④ 어떤 사람들은
그들이 가진 것에 만족하지 못한다. ⑤ 내가 그에 관해서 좋아하는 점은 그
가 점잖다는 것이다.

해설 ② a radio를 선행사로 하는 주격 관계대명사 which나 that이 들어가야 한다. 나머지는 모두 선행사가 없으므로, 선행사를 포함하는 관계대명사 what이 들어가는 것이 적절하다.

어휘 unbelievable 믿을 수 없는

12 상관접속사

해석 ① Henry와 Sue는 모두 수영하는 것을 즐긴다.   ② 그는 피아노 뿐만 아니라 바이올린도 연주한다.   ⑤ 우리는 토요일이나 일요일에 야구를 할 것이다.

해설 ③ 'A도 B도 아닌'이라는 뜻의 상관접속사는 「neither A nor B」이다. (or → nor)   ④ 상관접속사 「not only A but also B」는 B에 동사의 수를 일치시켜야 한다. (like → likes)

13 상관접속사 / 관계부사 / 종속접속사 unless / 관계대명사의 계속적 용법 / 복합관계대명사

해석 ① 나는 James뿐만 아니라 Dorothy도 만날 것이다.   ② 나는 그가 다른 사람들을 대하는 방식을 좋아하지 않는다.   ③ 너는 로그인을 하지 않으면 파일을 내려받을 수 없다. / 너는 로그인을 하면 파일을 내려받을 수 없다.   ④ 나는 Lily를 보러 갔는데, 그녀는 집에 없었다.   ⑤ 사람들은 그가 말하는 것은 무엇이든 믿지 않았다.

해설 ③ 접속사 unless는 「if ~ not」으로 바꿔 쓸 수 있으므로 두 번째 문장은 You can't download the file if you don't log in.으로 고쳐야 한다.

14 간접의문문

해석 _____ 물어봐도 될까요?
② 무슨 일이 일어나고 있는지   ③ 그녀의 생일은 언제인지   ④ 우체국이 어디에 있는지   ⑤ 그녀가 여기에 올지

해설 ① 의문사가 있는 의문문이 간접의문문으로 쓰일 경우, 「의문사 + 주어 + 동사」의 어순으로 써야 한다. (who is he → who he is)

15 상관접속사

해석 Dave: 이번 주에 함께 저녁을 먹는 게 어때?   Amy: 좋은 생각이야! Dave: 무슨 요일이 좋으니?   Amy: 난 수요일 또는 금요일이 괜찮아.
① 월요일과 수요일 둘 다   ② 화요일 뿐만 아니라 금요일도   ③ 화요일도 수요일도 둘 다 아닌   ⑤ 월요일 뿐만 아니라 금요일도

해설 ③ 표를 통해 수요일과 금요일에 Amy의 일정이 비어 있음을 알 수 있다.

16 종속접속사 while

해석 a. 너는 내가 운전하는 동안 자도 돼.   b. 나는 너무 키가 작고, 반면에 너는 키가 너무 크다.

해설 a. 빈칸에는 '~하는 동안에'라는 의미의 종속접속사 while이 들어갈 수 있다. / b. 빈칸에는 '반면에'라는 의미의 종속접속사 while이 적절하다.

17 관계대명사 that / 종속접속사 that

해석 a. 너는 나를 이해하는 유일한 사람이다.   b. 너는 그가 90살이라는 것을 믿을 수 있니?

해설 a. the only person을 선행사로 하는 관계대명사 that이 들어가야 한다. 선행사에 the only가 있으므로 관계대명사 that을 주로 쓴다. / b. 빈칸에는 뒤의 명사절(he is 90 years old)을 이끄는 종속접속사 that이 들어가야 한다.

18 종속접속사 when / 관계부사 when

해석 그녀는 젊었을 때, 도서관에서 일했다.
① 내가 전화할 때 현관으로 내려와라.   ② 내가 그녀를 다시 볼 때, 나는 그녀의 이름을 물어볼 것이다.   ③ 6월 3일은 나의 아들이 태어난 날짜이다.   ④ Lily는 어두운 곳에 있을 때 초조함을 느낀다.   ⑤ 역에 도착할 때 나에게 전화해 줘.

해설 주어진 문장과 ①, ②, ④, ⑤의 when은 모두 '~할 때'라는 뜻의 부사절을 이끄는 종속접속사이고, ③의 when은 선행사(the date)를 수식하는 관계부사이다.

19 관계대명사의 계속적 용법 / 상관접속사 / 시간 부사절의 시제 / 관계대명사 that / 전치사와 관계대명사

해석 ② Tom과 Amy 둘 다 웹 디자이너이다.   ③ 나는 김 씨가 아프리카에서 돌아온 후에 그를 인터뷰할 것이다.   ④ 강을 따라 달리는 저 남자와 개를 봐!

해설 ① 관계대명사 that은 계속적 용법으로 쓸 수 없다. (that → which) ⑤ 관계대명사 that 앞에는 전치사를 쓸 수 없다. 선행사가 사람(person)이고 전치사의 목적어일 때, 전치사 다음에 목적격 관계대명사 whom을 써야 한다. (that → whom)

어휘 get along with ~와 잘 지내다

20 간접의문문 / 관계대명사 / 상관접속사 / 복합관계부사

해석 d. 네가 피곤할 때는 언제든 휴식을 취할 수 있다.

해설 a. 간접의문문에서 주절의 동사가 think일 경우, 의문사가 문장의 맨 앞으로 간다. (Do you think what → What do you think) / b. 선행사가 사물일 때 주격 관계대명사는 that 또는 which를 써야 한다. (who → that 또는 which) / c. 상관접속사 「Either A or B」는 B에 동사의 수를 일치시켜야 한다. (have to → has to)

어휘 common 흔한   surgery 수술

21 관계부사 / 소유격 관계대명사

해석 1) 나는 카페를 안다. + 너는 그 카페에서 가장 맛있는 커피를 마실 수 있다. → 나는 네가 가장 맛있는 커피를 마실 수 있는 카페를 안다.
2) 그들은 집에 산다. + 그것의 문은 파란색으로 칠해져 있다.
→ 그들은 문이 파란색으로 칠해져 있는 집에 산다.

해설 1) 선행사(a café)가 장소를 나타내는 말이므로, 관계부사 where를 써서 두 문장을 연결한다. 관계부사는 「전치사 + 관계대명사」로 바꿔 쓸 수 있다.
2) '그것의 문'을 나타낼 수 있는 소유격 관계대명사 whose를 써서 두 문장

을 연결한다.

22 간접의문문

해설 1) I don't know.와 Is the store closed?가 합쳐진 문장이다. 의문사가 없는 경우 간접의문문은 「whether[if] + 주어 + 동사」의 어순으로 쓴다.

2) Do you think?와 When will she come back?이 합쳐진 문장이다. 주절의 동사가 think와 같이 생각을 나타낼 때는 의문사(When)가 문장 맨 앞에 와야 한다.

23 종속접속사 so ~ that

해설 주어진 우리말의 '너무 ~해서 …하다'는 종속접속사 「so ~ that」으로 나타낼 수 있다.

24 관계부사 when

해설 선행사 a day, 시간을 나타내는 관계부사 when을 써서 문장을 완성한다.

25 간접의문문 / 전치사와 접속사

해석 A: 너는 Joy가 어젯밤에 무엇을 했는지 아니? B: 나는 그녀가 내가 모르는 한 남성과 저녁을 먹고 있는 것을 봤어. 그는 그녀의 남자친구인 것 같아. A: 지금 그녀 옆에 서 있는 남자를 말하는 거니? B: 아, 그래! 그는 내가 어젯밤에 봤던 그 남자야! A: 그는 Joy의 오빠야. 사람들은 그들이 닮지 않아서 종종 착각하곤 하지.

해설 1행: 의문사(what)가 있는 의문문이 간접의문문으로 쓰일 경우, 「의문사 + 주어 + 동사」의 어순으로 써야 한다. (did Joy → Joy did)

8행: 전치사 because of 뒤에는 명사(구)가 와야 하는데, 뒤에 「주어 + 동사」 형태의 절이 있으므로 접속사 because를 써야 한다. (because of → because)

UNIT 04 | 모의고사

2회

1 ④ 2 ③ 3 ② 4 ② 5 ③ 6 ②, ⑤ 7 ③, ④ 8 ③ 9 ①
10 ③ 11 ③ 12 ① 13 ④ 14 ⑤ 15 ⑤ 16 ③ 17 ③
18 ③ 19 ③ 20 ③ 21 1) either take a bus or walk
2) whether[if] she was there at that time 22 Whatever they say 23 1) that 2) while 3) unless 24 1) When do you think the construction will be finished? 2) They didn't say the reason why the school festival was canceled. 25 b. that → whose d. which → when

01 관계대명사의 생략

해석 그것은 크림, 우유, 설탕 그리고 바닐라로 만드는 전통적인 디저트이다.

해설 ④ 뒤에 분사가 이어질 때 「주격관계대명사 + be동사」는 생략할 수 있다.

어휘 classic 전형적인, 고전적인

02 간접의문문

해석 나에게 _____을 얘기해 줄 수 있니?
① 그의 직업이 무엇이었는지 ② 그녀의 이름이 무엇인지 ④ 이 표지판이 무엇을 의미하는지 ⑤ 무엇이 Ted를 화나게 했는지

해설 ③ 의문사(what)가 있는 간접의문문이므로 「의문사 + 주어 +동사」의 어순으로 쓰거나 의문사가 주어인 경우 「의문사(주어) + 동사」의 어순으로 쓴다. (should I do → I should do)

03 전치사와 관계대명사

해석 그녀는 이야기할 수 있는 누군가를 찾고 있다.

해설 선행사가 사람(someone)이고 관계대명사가 전치사의 목적어 역할을 하므로 빈칸에는 목적격 관계대명사 ② whom을 써야 한다.

04 복합관계대명사

해석 네 생일날, 너는 네가 원하는 사람은 누구든 파티에 초대할 수 있다.

해설 ② 문맥상 '~하는 사람은 누구나'의 의미로 명사절을 이끄는 복합관계대명사 whoever가 와야 한다.

05 상관접속사

해석 Ted는 건강에 신경 쓰기 때문에 술도 마시지 않고 담배도 피우지 않는다.

해설 ③ 'A도 B도 아닌'은 「neither A nor B」라고 쓴다.

06 관계부사의 계속적 용법

해설 ②, ⑤ 장소를 나타내는 선행사(the woods)를 수식하는 관계부사 where가 와야 하며, 선행사에 대한 부가 정보를 제시하는 계속적 용법으로 써야 한다. 계속적 용법의 관계부사는 「접속사 + 부사」로 바꿔 쓸 수 있다.

07 종속접속사 unless

해설 주어진 우리말의 '만약 ~가 아니라면[하지 않는다면]'은 ③ unless 또는 ④ if ~ not으로 나타낼 수 있다.

08 종속접속사 that / 관계대명사 that

해석 ① 그녀가 작가가 되었다는 것은 놀라웠다. ② 그가 겨우 스무 살이라는 것은 믿기 어렵다. ③ 그것은 그가 1980년대에 작곡한 유일한 노래다. ④ 유인원이 우리처럼 도구를 사용할 수 있다는 것이 놀랍지 않은가? ⑤ 그가 금고에서 뭔가를 훔친 것은 명백하다.

해설 ③의 밑줄 친 that은 선행사 the only song을 수식하는 목적격 관계대명사이고, 나머지 밑줄 친 that은 모두 명사절을 이끄는 종속접속사이다.

어휘 unbelievable 믿기 힘든(어려운) ape 유인원 tool 도구 obvious 명백한, 분명한 safe 금고

09 간접의문문 / 관계부사

해석 ① 너는 그가 어젯밤 어디에 있었다고 생각해? ② 그는 그가 태어났던 도시에 살고 있다. ③ 내가 일요일마다 일하는 미술관에 오렴. ④ 여기는 내가 일주일 동안 머물렀던 절이다. ⑤ 나는 축제가 열렸던 섬에 갔다.

해설 ①의 밑줄 친 where는 간접의문문에서 문장 앞으로 나온 의문사이고, 나머지 밑줄 친 where는 모두 선행사를 수식하는 관계부사이다.

어휘 temple 절

10 종속접속사 as

해석 a. 나는 더워서, 에어컨을 틀었다. b. 내 이름이 불리기를 기다리면서 나는 손톱을 물어뜯었다.

해설 a. 빈칸에는 '~이기 때문에'의 의미로 〈이유〉를 나타내는 종속접속사 As 또는 Because가 들어간다. / b. 빈칸에는 '~하면서'의 의미로 〈시간〉을 나타내는 종속접속사 as가 들어간다.

어휘 bite (이빨로) 물다

11 관계대명사의 계속적 용법 / 전치사와 관계대명사

해석 a. 지난 일요일 나는 뉴어크에 갔는데, 그곳은 뉴욕에서 멀지 않다. b. 내가 초대받았던 결혼식은 야외에서 열렸다.

해설 a. Newark를 선행사로 하는 계속적 용법의 주격 관계대명사 which가 와야 한다. / b. The wedding을 선행사로 하며 전치사의 목적어 역할을 하는 목적격 관계대명사 which를 쓴다.

12 상관접속사 / 복합관계대명사 / 관계부사 / 관계대명사의 계속적 용법

해설 b. 안전벨트를 착용하지 않은 사람은 누구든 벌금을 내야 한다.

c. Sam과 Will 둘 다 캐나다 출신이다. d. 빠른 배송이 내가 이 사이트를 이용하는 이유이다. e. Jay는 새 앨범을 냈는데, 그것은 다섯 곡의 새 노래를 담고 있다.

해설 a. 상관접속사 「Neither A nor B」가 주어로 쓰이면 동사는 B에 맞추어 쓰기 때문에, I에 맞추어 am이 와야 한다. (is → am)

어휘 fine 벌금 delivery 배달, 배송 release 출시[발표]하다

13 종속접속사 while

해석 ① 나는 공부하는 동안 음악을 듣는 것을 좋아한다. ② 내가 네 얼굴을 그리는 동안 움직이지 마. ③ 내가 없는 동안 내 개를 돌봐줘. ④ Toby는 정말 쑥스러움을 많이 타고, 반면에 그의 남동생은 외향적이다. ⑤ 운전하는 동안 휴대전화를 사용하지 마라.

해설 ④의 while은 '반면에'의 의미이고 나머지는 모두 '~하는 동안'의 의미인 종속접속사이다.

어휘 outgoing 외향적인, 사교적인

14 관계부사

해석 ① 2007년은 나의 여동생이 태어난 해이다. ② 네가 늦은 이유를 나에게 말해주겠니? ③ 이곳은 당신이 야생 염소를 볼 수 있는 곳이다. ④ 나는 내 아들이 처음으로 걸었던 그 날을 기억한다.

해설 ⑤ 관계부사 how는 선행사 the way와 함께 쓸 수 없고, 둘 중 하나만 써야 한다. (the way how → the way 또는 how)

어휘 wild 야생의

15 종속접속사 / 간접의문문

해석 ① 도움이 필요하다면 알려줘. ② 내가 어디서 돗자리를 살 수 있다고 생각하니? ③ 햇빛이 너무 강해서 나는 심하게 탔다. ④ 너의 어머니가 그 소식을 들으면 자랑스러워하실 거다.

해설 ⑤ 의문사가 있는 간접의문문의 경우 「의문사 + 주어 + 동사」의 어순으로 쓴다. (when did the accident happen → when the accident happened)

어휘 sunburn 햇볕에 심하게 탐, 햇볕으로 입은 화상

16 소유격 관계대명사 / 관계대명사의 계속적 용법

해석 나는 내 사촌이 그곳의 주인인 카페에 갔었다. 그곳에는 사람이 너무 많았고, 그것이 나를 짜증 나게 했다.

해설 첫 번째 빈칸에는 a café를 선행사로 하는 소유격 관계대명사 whose가 오고, 두 번째 빈칸에는 앞의 절 전체를 선행사로 하는 계속적 용법의 관계대명사 which가 온다.

어휘 irritated 짜증이 난

17 관계대명사 / 상관접속사

해석 b. 그녀 혹은 네가 거짓말을 하고 있다. c. 나는 다리가 부러진 개를 발견했다.

해설 a. 선행사가 사람(My sister)일 경우 주격 관계대명사 who를 쓴다. (which → who) / d. 관계대명사 that은 계속적 용법으로 쓸 수 없으며,

선행사가 사물이고 주격이므로 관계대명사 which를 쓰도록 한다. (that → which)

18 종속접속사 / 복합관계대명사 / 관계대명사 what

해석 (A) 비록 그에게 동의하지는 않지만, 나는 그의 아이디어가 창의적이라고 생각한다.   (B) 나는 그에게서 무엇을 받더라도 기쁠 것이다.   (C) 이것은 내가 예상했던 것이 아니다.

해설 (A) 주절에 대조되는 내용이 나오므로 '비록 ~이지만'의 의미인 Though가 오는 것이 적절하다. / (B) 부사절을 이끄는 no matter what이 들어가는 것이 적절하다. / (C) 괄호 앞에 선행사(명사)가 없으므로, 선행사를 포함하는 관계대명사 what이 들어가는 것이 적절하다.

19 종속접속사 / 관계대명사의 생략 / 관계부사와 선행사의 생략

해석 ① 나는 그녀가 일본인이라는 것을 몰랐다.   ② 나는 그녀에게 내가 직접 만든 접시를 주었다.   ③ James는 내가 의지할 수 있는 진정한 친구다.   ④ 이곳은 내가 시간을 보내곤 했던 장소이다.   ⑤ 그는 러시아어로 쓰인 책 한 권을 읽었다.

해설 ③ 목적격 관계대명사 앞에 전치사가 쓰인 경우, 목적격 관계대명사는 생략할 수 없다.   ① 목적어를 이끄는 종속접속사 that은 생략할 수 있다.   ② 목적격 관계대명사는 생략할 수 있다.   ④ 선행사가 the place이므로 선행사 혹은 관계부사 둘 중 하나를 생략할 수 있다.   ⑤ 뒤에 분사가 이어질 때 「주격관계대명사 + be동사」는 생략할 수 있다.

어휘 rely on ~에 의지하다

20 조건 부사절의 시제 / 관계대명사의 생략 / 상관접속사 / 간접의문문 / 전치사와 접속사 / 종속접속사 whether

해석 b. 나는 지난주 금요일에 산 부츠를 신었다.   c. 너도 그도 진실하지 않았다.   f. 엄마는 내게 문을 잠갔는지 안 잠갔는지 물으셨다.

해설 a. 조건을 나타내는 부사절에서는 현재시제가 미래시제를 대신한다. (will come → come) / d. 의문사(how)가 있는 의문문이 간접의문문으로 쓰일 경우, 「의문사 + 주어 + 동사」의 어순으로 쓴다. (how did I feel → how I felt) / e. 접속사 because 다음에는 「주어 + 동사」 어순의 절이 오고, 전치사 because of 다음에는 명사(구)가 와야 한다. (because → because of)

21 상관접속사 / 간접의문문

해설 1) 'A 또는 B'는 상관접속사 「either A or B」로 나타낼 수 있다.
2) 의문사가 없는 의문문을 간접의문문으로 만들 때, 「whether[if] + 주어 + 동사」의 어순으로 쓴다.

22 복합관계대명사

해설 부사절을 이끄는 복합관계대명사 Whatever(무엇을 ~하더라도)를 이용해 문장을 완성한다.

23 종속접속사

해석 1) 문제는 우리에게 모든 사람을 위한 충분한 공간이 없다는 것이다.

2) 누나가 전화 통화를 하는 동안에 나는 편지를 썼다.
3) 네가 내 개들을 괴롭히지 않는다면, 그들은 너를 물지 않을 것이다.

해설 1) 빈칸에는 '~라는 것'의 뜻으로 보어 역할을 하는 명사절을 이끄는 종속접속사 that이 들어가는 것이 적절하다.
2) 빈칸에는 '~하는 동안에'의 뜻으로 부사절을 이끄는 종속접속사 while이 들어가는 것이 적절하다.
3) 빈칸에는 '만약 ~가 아니라면[하지 않는다면]'의 뜻으로 부사절을 이끄는 종속접속사 unless가 들어가는 것이 적절하다.

24 간접의문문 / 관계부사

해석 1) 너는 생각하니? + 언제 공사가 끝날까?
→ 너는 언제 공사가 끝날 거라고 생각하니?
2) 그들은 이유를 말하지 않았다. + 학교 축제는 그 이유로 취소되었다.
→ 그들은 학교 축제가 취소된 이유를 말하지 않았다.

해설 1) 의문사가 있는 의문문이 간접의문문으로 쓰일 경우, 「의문사 + 주어 + 동사」의 어순으로 써야 하며, 주절의 동사가 think와 같이 생각을 나타낼 때는 의문사가 문장 맨 앞에 와야 한다.
2) 이유를 나타내는 선행사 the reason이 있고, 두 번째 문장에서 for that reason이 부사구로 쓰였으므로 관계부사 why를 써서 두 문장을 연결한다.

25 복합관계부사 / 소유격 관계대명사 / 접속사와 전치사 / 관계부사

해석 a. 네가 파리를 방문할 때는 언제든 우리 집에서 머물러도 좋다.
c. 나는 햇빛 때문에 선글라스를 썼다.

해설 b. 선행사(The book)가 관계사절 내에서 The book's cover와 같이 소유격으로 쓰였으므로 소유격 관계대명사 whose를 써야 한다. (that → whose)
d. 선행사가 시간(the time)을 나타내고, 관계대명사 which 다음에 완벽한 절이 나오므로, which는 관계부사 when으로 고쳐야 한다. (which → when)

UNIT 05 | 모의고사

1회

1 ① 2 ② 3 ③ 4 ⑤ 5 ④ 6 ④, ⑤ 7 ①, ③ 8 ④ 9 ③
10 ④ 11 ① 12 ③ 13 ⑤ 14 ① 15 ③ 16 ① 17 ④
18 ② 19 ① 20 ④ 21 if[whether] he could borrow
my notebook 22 1) But for, wouldn't have won 2) as
if[though] he knew everything 23 he would never be a
good singer with his voice 24 ⓑ made → (to) make
25 It was his love for singing that made his dream come
true.

01 do 강조 / 부정어 도치

해석 a. 다신 같은 실수를 하지 않겠다고 내가 정말 약속할게. b. 나는 평일에는 거의 아침을 먹지 않는다.

해설 a. 강조하고자 하는 동사 앞에 do동사(do, does, did)를 써서 문장의 내용을 강조할 수 있는데, 주어가 1인칭 단수이고 현재를 나타내는 문장이므로 do가 와야 한다. / b. Rarely라는 부정어가 문장 맨 앞에 쓰였고, 일반동사가 있는 문장이므로 「부정어(Rarely) + do[does/did] + 주어 + 동사원형」의 형태로 나타낸다. 문맥상 습관을 나타내는 내용이므로 현재시제를 써야 하고, 주어가 I이므로 do를 쓴다.

02 가정법 과거 / I wish + 가정법 과거

해석 a. 나는 시간이 없다. 내가 시간이 있다면, 여행을 많이 할 텐데.
b. 나는 차가 필요하지만, 차가 없다. 내가 차가 있다면 좋을 텐데.

해설 a. 주어진 문장은 「If + 주어 + 동사의 과거형, 주어 + 조동사의 과거형 + 동사원형」 형태의 가정법 과거이므로, 빈칸에는 동사의 과거형인 ② had가 들어가야 한다. / b. 현재 사실과 반대되는 일을 소망할 때는 「I wish + 주어 + 동사의 과거형」 형태의 「I wish + 가정법 과거」를 써야 한다. 따라서, 빈칸에는 동사의 과거형인 ② had가 들어가야 한다.

03 가정법 과거

해석 내가 너라면, 저 드레스를 살 텐데.

해설 주어진 문장은 「If + 주어 + 동사의 과거형, 주어 + 조동사의 과거형 + 동사원형」 형태의 가정법 과거이므로, 빈칸에는 ③ would buy가 들어가야 한다.

04 I wish + 가정법 과거완료

해석 나는 아이스크림을 너무 많이 먹었기 때문에 아프다. 내가 너무 많이 먹지 않았다면 좋을 텐데.

해설 아이스크림을 많이 먹었던 과거의 일에 대해 후회를 하고 있으므로, 과

거의 일에 대한 유감을 나타내는 「I wish + 가정법 과거완료」를 써야 한다. 따라서, 빈칸에는 「had v-ed」 형태의 ⑤ hadn't eaten이 들어가야 한다.

05 So/Neither[Nor] 도치

해석 A: 이 기계를 어떻게 작동시켜야 할지 모르겠어. B: 나도 그래.

해설 ④ '~도 또한 그렇지 않다'의 의미로 부정문에 대답할 때, 「Neither + 동사 + 주어」의 형태로 쓰며 일반동사는 do동사로 대신한다.

06 가정법 과거완료

해석 ① 그가 지시를 따르면, 다치지 않을 것이다. ② 그가 지시를 따른다면, 다치지 않을 텐데. ③ 그가 지시를 따랐더라면, 다치지 않을 텐데. ④ 그가 지시를 따랐더라면, 다치지 않았을 텐데. ⑤ 그가 지시를 따랐더라면, 다치지 않았을 텐데.

해설 주어진 우리말의 '~했더라면, …했을 텐데'는 「If + 주어 + had v-ed, 주어 + 조동사의 과거형 + have v-ed」 형태의 가정법 과거완료로 나타내며, 이때, if를 생략하고 주어, 동사를 도치하여 쓸 수도 있다.

07 부분부정

해석 ① 모든 국가가 대통령을 갖는 것은 아니다. ② 모든 국가는 대통령을 갖지 않는다. ③ 모든 국가가 대통령은 갖는 것은 아니다. ④ 각 국가는 대통령을 갖지 않는다. ⑤ 어느 국가도 대통령을 갖지 않는다.

해설 주어진 우리말의 '모두 …인 것은 아니다'는 「not + all, every」 형태의 부분부정으로 나타낼 수 있다.

08 평서문의 화법 전환

해석 의사가 그녀에게 "곧 좋아질 겁니다."라고 말했다. → 의사가 그녀에게 곧 좋아질 거라고 말했다.

해설 평서문의 직접화법을 간접화법으로 바꿀 때는 주절의 전달 동사 said to를 told로 바꾸고, 주절의 콤마와 인용 부호를 없애고 접속사 that을 쓴 후, 종속절의 인칭대명사와 동사 등을 문맥 및 시제에 맞게 바꾼다. (will get better → would get better)

09 혼합 가정법

해석 나는 점심을 안 먹었다. 그것이 내가 지금 배고픈 이유이다.
→ 내가 점심을 먹었더라면, 나는 지금 배가 안 고플 텐데.

해설 주어진 문장의 '(과거에) ~했다면 (현재에) …할 텐데'의 의미는 「If + 주어 + had v-ed, 주어 + 조동사의 과거형 + 동사원형」 형태의 혼합 가정법을 쓴다.

10 의문문의 화법 전환

해석 그는 내가 런던에서 어디에 묵었는지 물었다.
→ 그는 내게 "너는 런던에서 어디에 묵었니?"라고 물었다.

해설 주어진 문장은 의문문이 있는 문장을 간접화법으로 옮긴 것이므로, 종속절의 동사, 인칭대명사 등은 옮기기 전의 문맥 및 시제에 맞게 변형해야 한다.

11 수 일치

해석 (A) 경제학은 그가 가장 좋아하는 과목이다.　(B) 많은 언어가 이라크에서 말해진다.　(C) 400 킬로미터는 우리 집과 보스턴 사이의 거리이다.

해설 (A) economics와 같은 학과명은 복수형이어도 단수 취급하므로, 동사 역시 단수형 동사를 써야 한다. / (B) 「a number of + 복수명사」는 '많은 ~이라는 뜻으로 복수 취급하므로, 동사 역시 복수형 동사를 써야 한다. / (C) Four hundred kilometers와 같이 거리를 나타내는 말은 숫자가 복수라도 단수 취급하므로, 동사 역시 단수형 동사를 써야 한다.

12 수 일치 / 조건문 / 시제 일치의 예외

해석 (A) 실업자들은 경제가 나아지기를 바라고 있다.　(B) 회의가 늦게 끝나면 너에게 전화할게.　(C) 너는 제2차 세계 대전이 언제 발발했는지 아니?

해설 (A) 「the + 형용사」는 '~한 사람들'이라는 뜻으로 복수 취급하므로, 동사 역시 복수형 동사를 써야 한다. / (B) 실현될 가능성이 있는 일을 나타내는 단순 조건문이므로 조동사의 과거형이 아닌 will을 써야 한다. / (C) 종속절이 과거의 역사적 사실이나 사건을 나타낼 때 주절의 시제와 상관없이 과거 시제를 쓴다.

어휘 break out (전쟁 등이) 발발하다

13 do 강조

해석 ① 그는 그 정장을 입으니 정말로 근사해 보인다.　② 나는 정말로 거리에서 John과 Miley를 봤다.　③ 그는 정말로 진실을 알지만, 나에게 말하지 않을 것이다.　④ 나는 정말로 네가 너의 결정을 후회할 거라고 생각한다.　⑤ 내가 자고 있는 동안에 언니가 설거지를 했다.

해설 ⑤의 밑줄 친 did는 '했다'라는 뜻의 일반동사이고, 나머지 밑줄 친 단어들은 모두 동사를 강조하는 do[does/did]이다.

14 It is[was] ~ that 강조

해석 ① Jake의 개가 그를 물었다는 것은 충격적이다.　② 내가 걱정하는 것은 바로 너의 건강이다.　③ 내가 이 회사에서 일하기 시작한 것은 바로 2011년이었다.　④ 이뉴잇족들이 집을 짓기 위해 사용했던 것은 바로 얼음이었다.　⑤ 시내에 일식집을 소유한 사람은 바로 우리 삼촌이다.

해설 ①의 It은 가주어이며, 나머지는 모두 「It is[was] ~ that」 강조 구문의 It이다.

15 가정법 과거완료

해석 너의 도움이 없었다면, 나는 홍콩에서 길을 잃었을 텐데.

해설 주절에 가정법 과거완료가 쓰였으므로 Without[But for] 혹은 If it had not been for가 올 수 있다. 또한, If를 생략하고 주어, 동사를 도치하여 Had it not been for로 쓸 수도 있다. ③은 가정법 과거시제이다.

16 수 일치 / 시제 일치의 예외

해석 a. 콘서트 홀의 모든 좌석이 찼다.　b. 빵과 버터가 오늘 나의 아침식사였다.　c. 그는 빛이 소리보다 빨리 이동한다는 것을 증명했다.　d. 모든 티셔츠들이 세탁기 안에 있다.

어휘 prove 증명하다

17 도치 / 수 일치 / 병렬 / 시제 일치의 예외

해석 ① 저기 유명한 배우가 간다.　② 그 건물의 절반이 지진에 의해 파괴되었다.　③ 동호회의 구성원 대부분이 30세 미만이다.　⑤ 그 책은 콜럼버스가 1492년에 아메리카 대륙에 도달했다고 서술한다.

해설 ④ 「neither A nor B」와 같은 상관접속사로 연결되는 말은 문법적으로 동일한 형태와 구조를 가져야 한다. admitted와 병렬을 이루므로 밑줄 친 to deny는 denying이 아니라 denied로 고쳐야 한다. (denying → denied)

어휘 deny 부인하다　reach 도달하다

18 수 일치 / 도치

해석 ① 채식주의자가 되는 것은 쉽지 않다.　③ 이 그림의 일부는 화재로 손상되었다.　④ 직원의 20퍼센트가 목 통증을 앓고 있다.　⑤ 저는 최고 연기자상을 탈 것을 전혀 상상하지 못했습니다.

해설 ② 앞 문장의 동사가 be동사이므로, 「so + 동사 + 주어」에서도 be동사를 써야 한다. (so do I → so am I)

어휘 vegetarian 채식주의자

19 수 일치 / 도치 / 혼합 가정법 / Without[But for] 가정법

해석 ② 그가 그렇게 당황했던 적은 없었다.　③ 물리학은 나에게 아주 어려운 과목이다.　④ 내가 의사의 충고를 들었더라면, 나는 지금 건강할 텐데.　⑤ 골키퍼가 아니었더라면, 그 축구팀은 경기에서 졌을 텐데.

해설 ① 명사절 주어는 항상 단수 취급하므로, 동사 역시 단수형 동사를 써야 한다. (don't → doesn't)

어휘 physics 물리학

20 화법

해석 ① 언니가 "나는 살을 빼기 위해 매일 운동할 거야."라고 말했다. → 언니는 살을 빼기 위해 매일 운동할 거라고 말했다.　② Leo는 상사에게 "오늘 그 일을 끝낼 수 없습니다."라고 말했다. → Leo는 상사에게 그 일을 그 날 끝낼 수 없다고 말했다.　③ 선생님께서 우리에게 "교실에서 휴대전화를 사용하지 마라."라고 말씀하셨다. → 선생님께서 우리에게 교실에서 휴대전화를 사용하지 말라고 말씀하셨다.　④ 나는 그녀에게 "가장 가까운 은행이 어디 있죠?"라고 물었다.　⑤ 그는 나에게 "너는 중국에 가본 적이 있니?"라고 물었다. → 그는 나에게 중국에 가본 적이 있는지 물었다.

해설 ④ 의문문의 직접화법을 간접화법으로 전환할 때, 종속절의 인칭대명사와 동사를 문맥 및 시제에 맞게 바꿔야 한다. (I asked her where is the nearest bank. → I asked her where the nearest bank was.)

21 의문문의 화법 전환

해석 그는 나에게 "내가 네 공책을 빌릴 수 있을까?"라고 물어봤다. → 그는 나에게 그가 내 공책을 빌릴 수 있는지 물어봤다.

해설 의문문의 직접화법을 간접화법으로 전환할 때, 주절의 콤마와 인용 부호를 없애고 의문사가 없는 경우 종속절을 「if[whether] + 주어 + 동사」로 바꾼 후, 종속절의 인칭대명사와 동사를 문맥 및 시제에 맞게 바꾸어야 한다.

22 Without[But for] 가정법 / as if[though] + 가정법 과거

해설 1) 주어진 문장의 '~이 없었더라면 …했을 것이다'라는 의미의 가정법 과거완료는 「But for ~, 주어 + 조동사의 과거형 + have v-ed」 형태로 나타낼 수 있다.

2) 주절과 같은 시제의 일을 가정할 때, '마치 ~인 것처럼'의 의미는 「as if[though] + 주어 + 동사의 과거형」의 형태로 나타낼 수 있다.

[23-25]

해석 언젠가, 음악 선생님이 Enrico Caruso에게 "너는 네 목소리로는 결코 훌륭한 가수가 될 수 없을 거야. 내가 너라면, 다른 직업을 찾을 거야."라고 말씀하셨다. 심지어 그의 가족도 그가 다른 직업을 찾고 돈을 벌기를 원했다. 하지만, 그는 정말로 노래하는 것을 좋아했기 때문에 아무것도 그가 노래하는 것을 막을 수 없었다. 수년간에 걸친 많은 노력으로, 그는 세계에서 가장 훌륭한 가수 중 한 명이 되었다. 그의 꿈을 실현시켰던 것은 바로 노래에 대한 그의 사랑이었다.

23 평서문의 화법 전환

해석 언젠가, 음악 선생님이 Enrico Caruso에게 <u>그는 그의 목소리로는 결코 훌륭한 가수가 될 수 없을 것</u>이라고 말씀하셨다.

해설 평서문의 직접화법을 간접화법으로 전환할 때, 종속절의 인칭대명사와 동사는 문맥 및 시제에 맞게 바꾸어야 한다.

24 가정법 과거 / 병렬 외

해설 ⓑ wanted의 목적격보어로 쓰인 to find와 등위접속사 and로 연결되는 병렬을 이루므로 made는 to make로 고쳐야 한다. 이때 to는 생략할 수 있다. (made → (to) make)

25 It is[was] ~ that 강조

해설 주어진 우리말의 '~했던 것은 바로 …였다'는 「It was ~ that」 강조 구문으로 나타낼 수 있는데, 강조하고 싶은 말을 It was와 that 사이에 넣고, 나머지 단어들은 that 다음에 이어서 쓴다.

UNIT 05 | 모의고사

2회

1 ③ 2 ③ 3 ① 4 ③ 5 ① 6 ③ 7 ② 8 ⑤ 9 ④ 10 ③
11 ② 12 ② 13 ② 14 ③ 15 ② 16 ⑤ 17 ② 18 ③
19 ⑤ 20 ③ 21 1) would be a great dancer 2) didn't [did not] live 22 1) It is Andy that likes classical music.
2) It was yesterday that I went hiking. 23 Clean, by yourself 24 had gone to bed, wouldn't[would not] have been 25 1) so do I 2) neither[nor] was I

01 병렬

해설 ③ 「not only A but also B」와 같은 상관접속사로 연결되는 말은 문법적으로 동일한 형태와 구조를 가져야 한다. rubbing과 병렬 연결되므로, 빈칸에는 동명사 형태인 wearing이 들어가야 한다.

02 혼합 가정법

해설 과거에 실현되지 못한 일이 현재에 영향을 미칠 때 '(과거에) ~했다면 (현재에) …할 텐데'의 의미인 「If + 주어 + had v-ed, 주어 + 조동사의 과거형 + 동사원형」 형태의 혼합 가정법을 써야 하므로, 빈칸에는 ③ would go가 들어가야 한다.

03 조건문

해석 만약 우리가 지하철을 타고 간다면, 더 빠를 것이다.

해설 주어진 문장처럼 실현될 가능성이 있는 일을 나타내는 단순 조건문에서는, if절에 현재시제(① go)를 써서 미래시제를 나타낸다.

04 부정어 도치

해석 나는 그렇게 지루한 영화를 본 적이 없다.

해설 ③ Never와 같은 부정어가 문장 맨 앞에 올 경우, 「부정어(Never) + 동사 + 주어」의 형태로 나타내고, Never는 부정의 의미를 이미 포함하고 있으므로 not과 함께 쓰지 않는다.

05 수 일치

해석 이 학교의 모든 아이들이 수영하는 법을 배운다.

해설 ① 「all (of) + 복수명사」는 복수 취급하므로, 동사 역시 복수형 동사를 써야 한다.

06 It is[was] ~ that 강조

해석 ① 나의 사장이 그의 아내에게 보낸 것은 바로 장미였다.   ② 벽을 흰

색으로 칠한 사람은 바로 Frida였다.   ③ 네가 제시간에 여기에 도착하는 것이 중요하다.   ④ James가 이 동네로 이사한 것은 바로 지난달이었다.   ⑤ 가장 인기 있는 애완동물은 바로 고양이와 개이다.

해설 ③의 밑줄 친 It은 가주어 it이고 ①, ②, ④, ⑤의 밑줄 친 부분은 「It is[was] ~ that」 강조구문의 It이다.

07 I wish + 가정법 과거

해석 A: 밖에 비가 오고 있어.   B: 정말? 내 아들이 우산을 <u>가지고 있다면</u> 좋을 텐데.

해설 현재 사실과 반대되는 일을 소망할 때 「I wish + 주어 + 동사의 과거형」 형태의 「I wish + 가정법 과거」를 써야 한다. 따라서, 빈칸에는 동사의 과거형인 ② had가 들어가야 한다.

08 가정법 과거완료

해석 A: 지난 주말에 뭐 했니?   B: 피곤해서 집에 있었어. 내가 피곤하지 않았다면, 나는 <u>외출했을</u> 텐데.

해설 빈칸이 있는 문장은 과거 사실에 대한 가정을 나타내는 「If + 주어 + had v-ed, 주어 + 조동사의 과거형 + have v-ed」 형태의 가정법 과거완료이므로, 빈칸에는 ⑤ would have gone out이 들어가야 한다.

09 do 강조 / 수 일치

해석 a. 그녀를 봐. 그녀는 <u>정말</u> 행복해 보여.   b. 필리핀은 많은 섬으로 이루어져 있다.

해설 a. 강조하고자 하는 동사 앞에 do동사(do, does, did)를 써서 문장의 내용을 강조할 수 있는데, 주어가 3인칭 단수이고 현재시제이므로 does가 와야 한다. / b. 국가명은 복수형이더라도 단수 취급하므로 동사는 단수형을 써야 한다.

어휘 be made up of ~으로 구성되다

10 시제 일치의 예외

해석 a. 나는 내 학생들에게 에디슨이 전구를 <u>발명했다고</u> 말해줄 것이다.   b. 나의 아들은 고래가 <u>포유류라는</u> 것을 알고 놀랐다.

해설 a. 종속절이 과거의 역사적 사건을 나타낼 때는 주절의 시제와 상관없이 과거시제를 쓴다. / b. 종속절이 과학적 사실을 나타낼 때는 주절의 시제와 상관없이 현재시제를 쓴다.

어휘 light bulb 전구   whale 고래   mammal 포유류

11 화법

해석 ① Joan은 나에게 "너는 바쁘니?"라고 물었다. → Joan은 나에게 내가 바쁜지 물었다.   ② Ashley가 나에게 "문을 열지 마."라고 말했다.   ③ 그는 나에게 "나는 너에게 편지를 쓸 거야."라고 말했다. → 그는 나에게 편지를 쓸 것이라고 말했다.   ④ 그녀는 나에게 "나쵸를 좀 원하니?"라고 물었다. → 그녀는 나에게 내가 나쵸를 좀 원하는지 물었다.   ⑤ 낯선 사람이 나에게 "화장실이 어디에요?"라고 물었다. → 낯선 사람이 나에게 화장실이 어디에 있는지 물었다.

해설 ② 명령문의 직접화법을 간접화법으로 전환할 때 종속절의 동사를 to-v로 바꾸고, 부정 명령문일 경우 「not to-v」로 쓴다. (not open the door → not to open the door)

12 강조 / 부정 표현 / 도치

해설 neither는 '아무도 ~하지 않다'라는 의미의 전체부정을 나타내는 말이므로, ②의 문장은 '우리 부모님은 두 분 모두 커피를 드시지 않는다'라고 해석하는 것이 적절하다.

13 명령문의 화법 전환

해설 명령문의 직접화법을 간접화법으로 전환할 때 종속절의 동사를 to-v로 바꾸고, 부정 명령문일 경우 「not to-v」로 쓴다.

14 Without[But for] 가정법

해석 신문이 없었더라면, 나는 그 사고에 대해서 알지 못했을 것이다. → 신문이 없었더라면, 나는 그 사고에 대해서 알지 못했을 것이다.

해설 주어진 문장은 '~이 없었더라면[아니었더라면] …했을 것이다'의 의미인 Without[But for] 가정법 과거완료 구문으로, 여기서 Without[But for]은 If it had not been for로 바꿔 쓸 수 있다.

15 명령문의 화법 전환

해석 경찰이 나에게 "창문을 내리세요."라고 말했다. → 경찰이 나에게 <u>창문을 내리라고</u> 말했다.

해설 명령문의 직접화법을 간접화법으로 전환할 때, 종속절의 동사를 to-v로 바꾸고, 종속절의 인칭대명사를 문맥에 맞게 바꿔야하므로, 빈칸에는 ② to roll down my window가 들어가야 한다.

어휘 roll down ~을 내리다[열다]

16 조건문 / 강조 / 수 일치 / 가정법 과거

해석 ⓐ 내 가방을 찾으면, 나에게 말해주겠니?   ⓑ 중국 음식을 좋아하는 사람은 바로 Andrew이다.   ⓒ 모든 정보가 박 씨의 컴퓨터에 있다.   ⓓ 이 학교의 모든 학생은 교복을 입는다.   ⓔ 내가 복권에 당첨된다면, 집을 살 텐데.

해설 ⑤ ⓔ는 가정법 과거완료가 아닌 가정법 과거 문장으로, 현재 사실과 반대되는 상황을 가정하고 있다.

어휘 win the lottery 복권에 당첨되다

17 수 일치 / I wish + 가정법 과거 / It is[was] ~ that 강조

해석 a. 그 호텔의 각 방은 스타일이 다르다.   b. 내가 유명한 가수라면 좋을 텐데.   d. 집에서 나를 기다리고 있던 사람은 바로 Ron이었다.

해설 c. 「both A and B」는 복수 취급하므로 동사도 복수형 동사를 써야 한다. (speaks → speak)

어휘 Peruvian 페루(의), 페루인(의)

18 도치 / 수 일치

해석 (A) 여기로 우리 버스가 오네.   (B) 수필을 하루 안에 쓰는 것은 거의

불가능하다. (C) 내가 너를 만난 이후로 수년이 지났다.

해설 (A) 장소·방향을 나타내는 부사(구)가 문장 맨 앞에 올 경우, 도치가 일어나서 「부사(구) + 동사 + 주어」의 순서로 써야 한다. / (B) 동명사구 주어는 단수 취급하므로, 동사 역시 단수형 동사를 써야 한다. / (C) 「a number of + 복수명사」는 '많은 ~'라는 뜻으로 복수 취급하므로, 동사 역시 복수형 동사를 써야 한다.

19 도치 / 가정법 과거 / 수 일치 / 병렬

해석 ① 네 머리 위로 새가 날아갔다. ② 내가 너라면, 그를 용서하지 않을 텐데. ③ 부상당한 사람들은 신속히 병원으로 이송되었다. ④ 나는 그 사건이 내 인생을 바꿀 것이란 걸 거의 알지 못했다.

해설 ⑤ 접속사 and로 인해 전치사 by의 목적어인 동명사 watching과 병렬 연결되어야 하므로, read를 reading으로 고쳐야 한다. (read → reading)

20 가정법 / 병렬 / 시제 일치 / 수 일치

해석 ① 내가 아빠처럼 키가 크다면 좋을 텐데. ② 그는 잘생기고, 친절하며 그리고 총명하다. ④ 남편의 도움이 없었더라면 나는 성공하지 못했을 텐데. ⑤ 50달러는 이 마을에서 근사한 저녁을 사기에 충분하다.

해설 ③ 주절의 시제가 과거일 때, 종속절에는 과거 또는 과거완료가 와야 한다. (meet → had met)

어휘 fancy 근사한, 멋진

21 혼합 가정법 / 가정법 과거

해석 1) 작년에 자동차 사고를 당해서, 그녀는 지금 뛰어난 무용수가 아니다. → 작년에 자동차 사고를 당하지 않았더라면, 그녀는 지금 뛰어난 무용수일 텐데.
2) 네가 멀리 살기 때문에, 나는 너를 매일 볼 수 없다. → 네가 멀리 살지 않으면, 나는 너를 매일 볼 수 있을 텐데.

해설 1) 과거에 실현되지 못한 일이 현재에 영향을 미칠 때 '(과거에) 만약 ~ 했더라면 (현재에) …할 텐데'의 의미로 「If + 주어 + had v-ed, 주어 + 조동사의 과거형 + 동사원형」 형태의 혼합 가정법을 쓴다.
2) 현재 사실과 반대되는 가정을 나타낼 때 「If + 주어 + 동사의 과거형, 주어 + 조동사의 과거형 + 동사원형」 형태의 가정법 과거를 쓴다.

어휘 far away 멀리

22 It is[was] ~ that 강조

해설 1) 강조하는 말이 Andy이므로, It is와 that 사이에 Andy를 넣고, 나머지 단어들은 that 다음에 이어서 쓴다.
2) 강조하는 말이 yesterday이므로, It was와 that 사이에 yesterday를 넣고, 나머지 단어들은 that 다음에 이어서 쓴다.

[23-24]

해석 나는 어젯밤 새벽 1시경에 잤다. 오늘 아침에 일어났을 때, 나는 학교에 매우 늦었다. 선생님은 나에게 방과 후에 혼자서 교실을 청소하라고 말씀하셨다. 어젯밤에 일찍 잤더라면, 학교에 늦지 않았을 텐데.

23 명령문의 화법 전환

해석 선생님은 나에게 "방과 후에 혼자서 교실을 청소해라."라고 말씀하셨다.

해설 명령문의 간접화법을 직접화법으로 전환할 때, 종속절의 to-v는 인용부호 안에서는 동사원형으로 시작하는 명령문으로 바꾸고 종속절의 대명사를 문맥에 맞게 바꿔야 한다.

24 가정법 과거완료

해석 어젯밤에 일찍 잤더라면, 학교에 늦지 않았을 텐데.

해설 주어진 문장처럼 과거 사실과 반대되는 가정을 나타낼 때, 「If + 주어 + had v-ed, 주어 + 조동사의 과거형 + have v-ed」 형태의 가정법 과거완료를 쓴다.

25 So/Neither[Nor] 도치

해설 1) 긍정문에 '~도 또한 그렇다'의 의미로 대답할 때는 「so + 동사 + 주어」로 쓴다. 앞의 문장에 일반동사 현재형이 쓰였고 주어가 I이므로 동사는 do를 쓴다.
2) 부정문에 '~도 또한 그렇지 않다'의 의미로 대답할 때는 「neither[nor] + 동사 + 주어」로 쓴다. 앞 문장에 be동사의 과거형이 쓰였고 주어가 I이므로 동사는 was를 쓴다.

누적 총정리 모의고사

1회

1 ③ 2 ④ 3 ③ 4 ④ 5 ③ 6 ② 7 ④ 8 ② 9 ①
10 ④ 11 ② 12 ④ 13 ⑤ 14 ④ 15 ① 16 ③ 17 ②
18 ③ 19 ② 20 ④ 21 1) Not having a swimsuit
2) Having watched the movie before 22 1) It was in
2011 that Tom appeared on TV for the first time. 2) It
was a movie about the universe that we watched last
night. 23 1) where we study and meet our friends
2) who[that] is studying 3) whose shirt is blue
24 1) Some cookies and cakes are being baked by her.
2) A special gift was bought for Sue by Mike. 25 a. that
→ what c. the way how → the way 또는 how

01 do 강조
해석 Jenny는 해산물을 즐기지 않지만, 나는 그것을 정말로 좋아한다.
해설 강조하고자 하는 동사 앞에 do동사(do, does, did)를 써서 강조할 수 있으며, 주어진 문장이 현재시제이고 주어가 1인칭이므로 ③ do를 써야 한다.

02 to부정사의 의미상의 주어
해석 그녀가 담을 오르는 것은 쉬웠다.
해설 to부정사의 의미상의 주어로 「for + 목적격」의 형태가 있는 것으로 보아, 빈칸에는 사람의 성격이나 성질에 대한 주관적 평가를 나타내는 형용사들은 들어갈 수 없다. 따라서, 빈칸에는 ④ easy가 들어갈 수 있다.

03 종속접속사 that
해석 a. 그가 충돌 사고에서 살아남은 것은 놀랍다. b. 문제는 우리가 어디로 가야 할지 모른다는 것이다.
해설 a. 진주어 역할을 하는 명사절을 이끄는 종속접속사 that이 들어가야 한다. / b. 주격보어 역할을 하는 명사절을 이끄는 종속접속사 that이 들어가야 한다.
어휘 crash 충돌 (사고)

04 I wish + 가정법 과거완료
해석 내가 안경을 가져왔더라면 좋을 텐데. → 내가 안경을 가져오지 않은 것이 유감이다.
해설 ④ 첫 번째 문장은 과거의 일에 대한 유감을 나타낼 때 쓰는 「I wish + 가정법 과거완료」이다. 과거의 일에 대한 유감을 나타내므로, 빈칸에는 동사의 과거형이 들어가야 한다.

05 조동사가 있는 문장의 수동태
해석 당신은 이것을 햇볕을 피해서 보관해야 한다. → 이것은 햇볕을 피해서 보관되어야 한다.
해설 ③ 조동사가 쓰인 문장의 수동태는 「조동사 + be v-ed」로 쓴다. 이때 be동사는 원형으로 쓴다.

06 가정법 과거
해설 ② 주어진 우리말의 '~라면, …할 텐데'는 「If + 주어 + 동사의 과거형, 주어 + 조동사의 과거형 + 동사원형」 형태의 가정법 과거로 나타낼 수 있다.
어휘 give (somebody) a ride ~을 태워주다

07 동명사와 현재분사
해석 모든 사람이 운동화 한 켤레를 가져올 필요가 있다.
① 나는 끓는 물에 손가락을 데었다. ② 분홍색 치마를 입은 저 소녀는 나의 여동생이다. ③ 내 앞에 서 있는 남자는 피곤해 보인다. ④ 뜨거운 우유 한 잔이 수면제보다 낫다. ⑤ 공장 근처에 살고 있는 사람들이 소음에 대해 불평했다.
해설 주어진 문장과 ④의 밑줄 친 부분은 명사 앞에서 명사의 용도나 목적을 설명하는 동명사이다. 나머지는 모두 앞이나 뒤의 명사를 수식하는 현재분사이다.
어휘 sleeping pill 수면제

08 관계대명사 that / 종속접속사 that
해석 나는 내 손목시계가 망가진 것을 발견했다.
① 여기가 내가 가장 좋아하는 가수가 소유한 카페이다. ② 우리가 시합에 진 것은 예상 밖이었다. ③ 카펫 위에 누워있는 그 늙은 개는 아프다.
④ 내가 추천했던 책 읽어 봤니? ⑤ 폴 세잔이 가장 많이 그렸던 대상 중 하나는 과일이었다.
해설 주어진 문장과 ②의 밑줄 친 that은 명사절을 이끄는 종속접속사이고, 나머지는 모두 앞의 선행사를 수식하는 관계대명사이다.
어휘 unexpected 예상치 못한 subject (그림·사진 등의) 대상

09 by 이외의 전치사를 쓰는 수동태
해석 ① 이 잔은 크리스털로 만들어졌다. ② 그녀의 아빠가 그녀에게 소리질렀다. ③ 그 교회는 폭풍에 의해 파괴되었다. ④ 그녀의 웨딩 드레스는 그녀의 엄마에 의해서 만들어졌다. ⑤ 클래식 음악이 오케스트라에 의해서 연주되고 있었다.
해설 ① '~으로 만들어지다'의 표현은 「be made of」이므로, 빈칸에는 전치사 of가 들어가고, 나머지 빈칸에는 모두 수동태에서 행위자를 나타내는 전치사 by가 들어가야 한다.

10 원급과 비교급을 이용한 최상급 표현
해석 ① 아무것도 네 건강만큼 중요하지는 않다. ② 네 건강이 가장 중요한 것이다. ③ 아무것도 네 건강보다 더 중요하지는 않다. ④ 네 건강은 다른 어떤 것만큼 중요하다. ⑤ 네 건강은 다른 어떤 것보다 더 중요하다.
해설 ④를 제외한 나머지는 모두 '네 건강이 가장 중요하다'는 최상급의 의

미를 나타낸다.

11 현재완료
해석 George는 병원에서 _____ 봉사활동 해 왔다[봤다].
① 2010년부터 ② 지난 여름에 ③ 최근에 ④ 여러 번 ⑤ 이전에
해설 ② last summer와 같이 명백히 과거 시점을 나타내는 표현은 현재완료와 함께 쓰일 수 없다.

12 조건 부사절의 시제 / 병렬 / 수동태 / to부정사를 목적어로 쓰는 동사
해석 a. 네가 법을 어기면, 벌을 받을 것이다. b. 그는 계단에서 굴러떨어져 팔이 부러졌다. c. 그 울타리는 야생 동물들에 의해 부서졌다. d. 나는 이 나무 막대기를 반으로 부러트리고 싶다.
해설 a. 조건의 부사절에서는 현재시제가 미래를 대신하므로 빈칸에는 ① break가 들어가야 한다. / b. 동사 fall의 과거형인 fell과 등위접속사 and에 의해 병렬 구조를 이루므로 ② broke가 들어가야 한다. / c. 수동태는 「be동사 + 과거분사」의 형태이므로, 빈칸에는 ③ broken이 들어가야 한다. / d. want는 to부정사를 목적어로 쓰는 동사이므로, 빈칸에는 ⑤ to break가 들어가야 한다.
어휘 punish 처벌하다 fence 울타리 wild 야생의

13 조동사
해석 ① 그녀는 나에게 실망했을지도 모른다. ② 그는 고객들에게 친절해야 한다. ③ Joe는 매일 한 잔의 우유를 마시곤 했다. ④ 그녀는 지하철에 우산을 두고 왔음이 틀림없다.
해설 ⑤ 조동사는 연달아 쓸 수 없으므로 will must는 will have to로 바꿔 써야 한다. (will must → will have to)

14 감정을 나타내는 분사
해석 ① 그것은 정말 흥미진진한 영화였다! ② 그녀는 그를 다시 만나서 놀랐다. ③ 단조로 작곡된 음악은 우울하다. ⑤ 벌에 관한 많은 흥미로운 사실들이 있다.
해설 ④ 감정을 나타내는 동사는 '~한 감정을 유발하는'이라는 〈능동〉의 뜻이면 현재분사로 써야 한다. (disappointed → disappointing)
어휘 minor key 단조 depress 우울하게 하다

15 to부정사의 부사적 용법
해석 ① 그녀는 그 소식을 듣게 되어 슬펐다. ② 문을 열려면 그 버튼을 누르세요. ③ 그들은 실수를 하지 않기 위해서 열심히 노력했다. ④ 그 아이는 아이스크림을 사기 위해 줄을 서 있다. ⑤ 나는 돈을 미국 달러로 바꾸려고 은행에 갔다.
해설 ①의 밑줄 친 부분은 〈감정의 원인〉을 나타내는 to부정사의 부사적 용법으로 쓰였고, 나머지 밑줄 친 부분은 모두 〈목적〉을 나타내는 to부정사의 부사적 용법으로 쓰였다.

16 as if + 가정법 과거 / 부분부정 / 상관접속사 / 조동사 + have v-ed / 복합관계대명사
해설 「either A or B」는 'A 또는 B'의 의미이므로, ③의 문장은 '나는 피자 또는 햄버거를 먹을래.'라고 해석하는 것이 적절하다.
어휘 reliable 신뢰할 수 있는

17 원형부정사 / 동명사 관용 표현
해석 a. Hill 씨는 아이들이 자기 작업실에 들어오지 못하게 했다. b. 이 필름이 휴대전화 액정에 금이 가는 것을 막아줄 것이다.
해설 a. 사역동사 let은 동사원형을 목적격보어로 쓴다. / b. '~가 …하는 것을 막다'의 의미인 동명사 관용 표현은 「prevent + 목적어 + from + v-ing」이다.
어휘 crack 갈라지다, 금이 가다

18 화법
해석 ① 그녀는 나에게 "나는 너의 이름을 몰라."라고 말했다. → 그녀는 나에게 내 이름을 모른다고 말했다. ② 경찰이 나에게 "이곳에 주차하지 마세요."라고 말했다. → 경찰이 나에게 그곳에 주차하지 말라고 말했다. ③ 나는 그에게 "어디에 있었니?"라고 물었다. ④ 그녀가 "결심했니?"라고 물었다. → 그녀는 내게 결심을 했는지 물었다. ⑤ 그는 "저녁은 10분 안에 준비될 거예요."라고 말했다. → 그는 저녁이 10분 안에 준비될 거라고 말했다.
해설 ③ 의문문의 직접화법을 간접화법으로 전환할 때, 종속절의 인칭대명사와 동사를 문맥 및 시제에 맞게 바꿔야 한다. (I asked him where you have been. → I asked him where he had been.)
어휘 make up one's mind 결심하다

19 관계부사 / with + (대)명사 + 분사 / 시간 부사절의 시제
해석 (A) 이곳은 내가 살았던 집이다. (B) 많은 사람들이 인터넷으로 뉴스를 읽게 되어 신문 판매가 감소했다. (C) 그가 돌아오면 나는 그를 저녁식사에 초대할 것이다.
해설 (A) 선행사가 장소(the house)를 나타내고, 괄호 다음에 완벽한 절이 나오므로, 괄호 안에는 관계부사 where가 들어가야 한다. / (B) 「with + (대)명사 + 분사」에서 명사와 분사가 능동의 관계이므로 현재분사 reading이 들어가야 한다. / (C) 시간을 나타내는 부사절에서는 현재시제가 미래를 대신한다. 따라서, 괄호 안에는 comes가 들어가야 한다.
어휘 decrease 감소하다

20 do 강조 / 수 일치 / 간접의문문 / 사역동사의 수동태
해석 d. 죄수들이 감방 안으로 걸어 들어가도록 시켜졌다.
해설 a. 강조의 do동사 다음에는 항상 동사원형이 와야 한다. (enjoyed → enjoy) / b. Ten degrees와 같이 온도를 나타내는 복수형 주어는 단수 취급한다. (are → is) / c. 의문사가 있는 의문문이 간접의문문으로 쓰일 경우, 「의문사 + 주어 + 동사」의 어순으로 써야 한다. (where did you buy → where you bought)
어휘 prisoner 죄수 cell 감방

21 분사구문

해석 1) 그는 수영복이 없어서, 수영장에서 수영할 수 없었다. → 수영복이 없어서 그는 수영장에서 수영할 수 없었다.

2) 나는 그 영화를 전에 본 적이 있기 때문에, 전체 이야기를 알았다. → 그 영화를 전에 본 적이 있기 때문에, 나는 전체 이야기를 알았다.

해설 1) 부사절에서 접속사 및 주절과 동일한 주어를 생략한 뒤, 동사를 v-ing의 형태로 만든다. 부사절이 부정문이므로 분사 앞에 Not을 쓴다.

2) 부사절의 시제가 주절보다 한 시제 앞서므로 완료분사구문인 「having v-ed」의 형태로 쓴다.

어휘 swimsuit 수영복

22 It is[was] ~ that 강조

해석 1) Tom은 2011년에 처음으로 TV에 출연했다.

→ Tom이 처음으로 TV에 출연한 것은 바로 2011년이었다.

2) 우리는 어젯밤에 우주에 대한 영화를 봤다.

→ 우리가 어젯밤에 본 것은 바로 우주에 대한 영화였다.

해설 It is[was]와 that 사이에 강조하고자 하는 말을 넣어서 강조할 수 있다.

23 관계사

해석 1) 여기는 우리가 공부를 하고 우리의 친구를 만나는 교실이다.

2) 책상에서 공부를 하고 있는 여자아이는 Ellie이다.

3) 셔츠가 파란색인 남자아이는 Jack이다.

해설 1) the classroom을 선행사로 하는 관계부사 where를 사용하여 문장을 완성한다.

2) The girl을 선행사로 하는 주격 관계대명사 who[that]를 사용하여 문장을 완성한다.

3) The boy를 선행사로 하는 소유격 관계대명사 whose를 사용하여 문장을 완성한다.

24 진행형 수동태 / 4형식 문장의 수동태

해석 1) 그녀는 쿠키와 케이크를 굽고 있다. → 쿠키와 케이크가 그녀에 의해 구워지고 있다.

2) Mike는 Sue에게 특별한 선물을 사주었다. → 특별한 선물이 Mike에 의해 Sue에게 구입되었다.

해설 1) 진행형의 수동태는 「be being v-ed」의 형태이고, 능동태 문장이 현재시제이므로 수동태 문장 역시 현재시제가 되어야 한다.

2) 동사 buy가 포함된 4형식 문장의 수동태는 직접목적어(A special gift)만을 수동태의 주어로 쓰며, 간접목적어(Sue) 앞에 전치사 for를 써야 한다.

25 관계사

해석 b. 이곳은 버스들이 서지 않는 정거장이다.   d. 나는 형이 감독인 사람을 안다.

해설 a. 관계대명사 that 앞에 선행사가 없으므로, that은 선행사를 포함한 관계대명사 what으로 고쳐야 한다. (that → what) / c. 관계부사 how는 선행사 the way와 함께 쓸 수 없고, 둘 중 하나는 반드시 생략해야 한다. (the way how → the way 또는 how)

누적 총정리 모의고사

2회

1 ③ 2 ③ 3 ④ 4 ② 5 ⑤ 6 ⑤ 7 ⑤ 8 ③ 9 ② 10 ③
11 ⑤ 12 ② 13 ⑤ 14 ③ 15 ② 16 ① 17 ④ 18 ③
19 ⑤ 20 ② 21 talked as if, had been 22 1) wherever
2) Whatever 3) Whoever 23 1) We have been living in the same village 2) will be taken care of by the rescue team 24 1) interesting 2) fishing 3) sitting 25 a. smart → smarter c. more and more hard → harder and harder

01 현재분사

해석 너는 무대에서 노래 부르고 있는 저 남자를 아니?

해설 빈칸에는 앞의 명사 the man을 수식하면서 〈능동·진행〉의 의미를 가지는 현재분사 ③ singing이 들어가는 것이 적절하다.

02 상관접속사

해석 Kate와 나는 둘 다 청바지를 입고 있다.

해설 「both A and B」는 'A와 B 둘 다'의 의미로, 항상 복수 취급하므로 동사 역시 복수형 동사를 써야 한다. 따라서, 빈칸에는 ③ are가 들어가야 한다.

03 과거완료 진행형

해석 비가 내리기 시작했을 때, Seth는 한 시간째 세차를 하고 있었다.

해설 ④ 과거 시점 이전에 시작된 일이 과거의 한 시점까지 계속 진행되었던 상황을 나타내는 과거완료 진행형인 「had been v-ing」의 형태로 쓴다.

04 as if + 가정법 과거

해설 주절과 같은 시제의 일을 가정하고 있으므로 「as if + 가정법 과거」인 「as if + 주어 + 동사의 과거형」이 되어야 한다. 가정법에서 be동사의 과거형은 주로 were를 쓴다.

05 to부정사의 의미상의 주어

해석 그렇게 말하다니 그녀는 _____ 했다.
① 친절한 ② 다정한 ③ 무례한 ④ 좋은, 친절한 ⑤ 어려운

해설 to부정사의 의미상의 주어로 「of + 목적격」의 형태가 있는 것으로 보아, 빈칸에는 사람의 성질이나 성격에 대한 주관적 평가를 나타내는 형용사가 와야 한다. 따라서, ⑤ hard는 빈칸에 들어갈 수 없다.

06 조동사 must / 조동사 + have v-ed

해석 a. 그 쇼를 보려면 당신의 표를 가져와야 한다. b. 나는 보라의 재킷을 찾았다. 그녀는 어제 그것을 여기 두고 갔음이 틀림없다.

해설 a. 문맥상 빈칸에는 '~해야 한다'라는 뜻의 〈의무〉를 나타내는 조동사 must가 들어가는 것이 적절하다. / b. 문맥상 '재킷을 두고 갔음이 틀림없다'라는 뜻이 되어야 한다. '~이었음이 틀림없다'라는 뜻의 〈과거에 대한 강한 추측〉을 나타내는 표현은 「must have v-ed」이므로, 빈칸에는 must가 들어가야 한다.

07 현재완료 / 가정법 과거완료

해석 a. 우리는 27년간 함께 해 왔다. b. 그가 부상을 당하지 않았다면, 그는 훌륭한 농구 선수가 될 수 있었을 텐데.

해설 a. for 27 years를 통해 주어진 문장이 〈계속〉을 나타내는 현재완료가 되어야 함을 알 수 있다. 따라서, 빈칸에는 ⑤ have been이 들어가야 한다. / b. 주어진 문장은 「If + 주어 + had v-ed, 주어 + 조동사의 과거형 + have v-ed」 형태의 가정법 과거완료이므로, 빈칸에는 ⑤ have been이 들어가야 한다.

어휘 injure 부상을 입다[입히다]

08 관계대명사 / 관계부사 / 간접의문문 / 종속접속사 that

해석 Jen: 너는 우리 할머니 집을 기억하니?
Chris: ① 빨간 우체통이 있던 집 말하는 거야? 물론이지! ② 그곳은 내가 머무르기 좋아했던 장소였어.
Jen: ③ 그 집이 어디에 있었는지 기억나니?
Chris: 아니, ④ 그것이 어디에 있었는지 기억이 안나.
Jen: 그것은 빵집 옆에 있었어. ⑤ 네가 그걸 잊었다니 놀랍다.

해설 ③ 의문사(where)가 있는 의문문이 간접의문문으로 쓰일 경우, 「의문사 + 주어 + 동사」의 어순으로 쓴다. (Do you remember where was the house? → Do you remember where the house was?)

09 수 일치

해석 ② 모든 비행편들이 취소되었다.

해설 ① 「a number of + 복수명사」는 '많은 ~'라는 뜻으로 복수 취급하므로, 동사 역시 복수형 동사를 써야 한다. (was → were) ③ 동명사구 주어는 단수 취급하므로, 동사 역시 단수형 동사를 써야 한다. (are → is) ④ 학과명(Economics)은 항상 단수 취급하므로, 동사 역시 단수형 동사를 써야 한다. (are → is) ⑤ 〈시간·온도·거리〉 등을 나타내는 단위는 단수 취급하므로, 동사 역시 단수형 동사를 써야 한다. (are → is)

어휘 relax 휴식을 취하다 economics 경제학

10 as if + 가정법 과거

해설 ③ 주절의 동사인 '행동했다'는 과거형 동사인 acted로 나타내고, 주절과 같은 시제의 일을 가정하며 '마치 ~인 것처럼'의 의미를 나타내는 「as if + 주어 + 동사의 과거형」의 형태로 쓴다.

11 관계부사

해석 ① 이 곳은 그들이 사진을 찍었던 공원이다. ② 그는 기자들이 기다리고 있는 방으로 걸어 들어갔다. ③ 수사관은 화재가 시작된 지점을 찾아냈다. ④ 나는 수천 명의 사람들이 일하는 공장에서 일한다. ⑤ 그는 보트에 벼락이 떨어진 순간을 기억했다.

해설 ⑤의 빈칸에는 선행사가 시간을 나타내는 말일 때 쓰이는 관계부사 when이 들어가고, 나머지 빈칸에는 모두 선행사가 장소를 나타내는 말일 때 쓰이는 관계부사 where가 들어간다.

어휘 investigator 조사원, 수사관 lightning 번개

12 비인칭 독립분사구문

해석 ① 솔직히 말해서, 나는 새 커튼이 마음에 들지 않는다. ② 엄밀히 말해서, 이것은 법에 어긋난다. ③ 그의 나이를 감안하면, 그 아이는 매우 영리하다. ④ 일반적으로 말해서, 대중교통이 더 저렴하다. ⑤ 그의 지저분한 방으로 판단하건대, 그는 게으른 것이 틀림없다.

해설 ② Strictly speaking은 '엄밀히 말하면'이라는 뜻의 비인칭 독립분사구문이다.

어휘 public transportation 대중교통 messy 지저분한

13 도치 / do 강조 / 병렬

해석 ① 나는 그렇게 흥미로운 오페라를 본 적이 없었다. ② 동의하지는 않지만 나는 정말 네 생각이 좋다고 생각한다. ③ 이 다큐멘터리는 흥미롭고 유익하다. ④ 일부 벨기에 사람들은 불어를 사용하고, 일부 스위스 사람들도 그렇다.

해설 ⑤ 상관접속사 「not only A but also B」로 연결되는 A와 B는 문법적으로 동일한 형태와 구조를 가져야 한다. 조동사 can 뒤에는 동사원형이 와야 한다. (to take → take)

14 현재완료

해석 ① 나는 해외로 여행해 본 적이 없다. ② 너는 구운 칠면조를 먹어본 적이 있니? ③ 그는 건축학을 공부하기 위해 스페인으로 가버렸다. ④ 그들은 전에 유니버설 스튜디오에 가본 적이 있다. ⑤ 나는 〈점프〉라는 책을 세 번 이상 읽었다.

해설 ③의 밑줄 친 부분은 〈결과〉를 나타내는 현재완료이고, 나머지 밑줄 친 부분들은 모두 〈경험〉을 나타내는 현재완료로 쓰였다.

어휘 abroad 해외에 roast 구운 turkey 칠면조 architecture 건축학

15 to부정사의 명사적 용법

해석 ① 그는 그의 오래된 컴퓨터를 팔기로 결심했다. ② 그녀는 그녀의 쌍둥이 여동생을 만나게 되어 행복했다. ③ 나의 목표는 영화 감독이 되는 것이다. ④ 내가 상자들을 옮기는 것을 도와주다니 당신은 참 친절했다. ⑤ 그 경비 요원은 나에게 노란 선을 넘지 말라고 경고했다.

해설 ②의 밑줄 친 부분은 〈감정의 원인〉을 나타내는 to부정사의 부사적 용법으로 쓰였고, 나머지 밑줄 친 부분들은 모두 to부정사의 명사적 용법(① 목적어, ③ 주격보어, ④ 주어, ⑤ 목적격보어)으로 쓰였다.

어휘 guard 경비 요원   warn 경고하다

16 to부정사의 부사적 용법 / remember + 동명사[to부정사]

해석 a. Karl은 거리를 따라 걸어가고 있었다. 그는 신발 끈을 묶기 위해 멈췄다.   b. 나는 어렸을 때 알래스카로 여행을 갔다. 나는 그곳에서 오로라를 봤던 것을 기억한다.

해설 a. 문맥상 '신발 끈을 묶기 위해 멈추다'라는 뜻이 되어야 한다. '~하기 위해 멈추다'는 「stop + to부정사」이므로, 빈칸에는 to tie가 들어가야 한다. 이때 to부정사는 〈목적〉을 나타내는 부사적 용법으로 쓰였다. / b. 문맥상 '오로라를 봤던 것을 기억하다'라는 뜻이 되어야 한다. '(과거에) ~했던 것을 기억하다'는 「remember + 동명사」이므로, 빈칸에는 seeing이 들어가야 한다.

어휘 tie (구두 등의) 끈을 매다   shoelace 구두 끈

17 현재분사와 과거분사 / 목적어가 that절인 문장의 수동태

해석 a. 손님들을 위해 준비된 음식을 마음껏 드세요.   b. Lue 씨는 이 세대 최고의 작곡가라고 말해진다.

해설 a. 손님들을 위해 '준비된' 음식이므로 빈칸에는 〈수동〉의 의미인 과거분사 prepared가 들어가야 한다. / b. 목적어가 that절인 문장에서, that절의 주어를 사용하여 수동태 문장을 만들 때, 「that절의 주어 + be v-ed + to-v」의 형태로 쓴다. 따라서 빈칸에는 to be가 들어가야 한다.

어휘 composer 작곡가   generation 세대

18 복합관계부사 / to부정사와 동명사를 목적어로 쓰는 동사 / 분사구문 / 비교 / 종속접속사

해석 ① 네가 원하는 어느 때든 나를 방문해도 좋다.   ② 그녀는 맨손으로 물고기를 만지는 것을 싫어한다.   ③ 시간이 없어서, 나는 아침을 걸렀다.   ④ 이 다이아몬드는 저 다이아몬드보다 네 배 무겁다.   ⑤ 더 나은 할 일이 없어서 나는 책을 읽었다.

해설 ③ 분사구문의 부정은 부정어 not을 분사 앞에 붙여야 한다. (Didn't having time → Not having time)

어휘 bare 벌거벗은, 맨~   skip 거르다, 빼먹다

19 동명사를 목적어로 쓰는 동사 / 감정을 나타내는 분사 / 관계대명사의 계속적 용법

해석 (A) 그들은 강에 폐기물을 버린 것을 인정했다.   (B) 연극의 줄거리는 매우 흥미로웠다.   (C) 나는 Jenny를 만났는데, 그녀는 화학을 공부한다.

해설 (A) admit은 동명사를 목적어로 쓰는 동사이므로, 괄호 안에는 dumping이 들어가야 한다. / (B) 감정을 나타내는 동사는 '~한 감정을 유발하는'이라는 〈능동〉의 뜻이면 현재분사로 써야 하므로, 괄호 안에는 interesting이 들어가야 한다. / (C) 선행사가 사람이므로 주격 관계대명사 who를 쓴다. 관계사 that은 계속적 용법으로 쓸 수 없다.

어휘 dump 버리다   plot 줄거리   chemistry 화학

20 to부정사를 이용한 구문 / 현재분사와 과거분사 / 「의문사 + to부정사」

해석 a. 그녀는 성공할 만큼 충분히 똑똑하다.   b. 나는 꿈속에서 불타는 집을 봤다.   c. 우리는 그곳에 어떻게 가야 할지 모른다.

해설 d. '너무 ~해서 …할 수 없는'은 「too + 형용사 + to-v」로 나타낸다. (so → too)

21 as if + 가정법 과거완료

해설 주절의 동사 '말했다'는 과거형 동사인 talked로 나타내고, 주절의 동사보다 한 시제 앞선 일을 가정하며 '마치 ~였던 것처럼'의 의미를 나타내므로 「as if + 가정법 과거완료」인 「as if + 주어 + had v-ed」의 형태로 나타낸다.

22 복합관계사

해석 1) 너는 차가 있다면 네가 원하는 곳은 어디든지 갈 수 있다.
2) 네가 무엇을 하고 있더라도 멈추고 내 얘기를 들어라.
3) 가장 높은 점수를 얻는 사람은 누구든지 상을 받을 것이다.

해설 1) 빈칸에는 장소의 부사절을 이끄는 복합관계부사 wherever(~하는 곳은 어디든지)가 들어가는 것이 적절하다.
2) 빈칸에는 부사절을 이끄는 복합관계대명사 Whatever(무엇을 ~하더라도)가 들어가는 것이 적절하다.
3) 빈칸에는 명사절을 이끄는 복합관계대명사 Whoever(~하는 사람은 누구든)가 들어가는 것이 적절하다.

23 현재완료 진행형 / 동사구의 수동태

해설 1) 「have been v-ing」 형태의 현재완료 진행형의 어순에 유의하면서 단어를 배열해 본다.
2) 동사구(take care of)를 포함한 문장을 수동태로 바꿀 때, 동사구에 포함된 전치사를 그대로 쓰는 것에 유의한다.

어휘 rescue 구조

24 감정을 나타내는 분사 / 동명사 관용 표현 / 현재분사와 과거분사

해설 1) 나는 그 책이 흥미롭다고 생각했다.
2) 우리는 우리 집 근처의 호수로 낚시를 하러 갔다.
3) 해변가에 앉아있는 저 소년은 Brown 씨의 아들이다.

해설 1) 감정을 나타내는 동사는 '~한 감정을 유발하는'이라는 〈능동〉의 뜻이면 현재분사로 써야 하므로, 빈칸에는 interesting이 들어가야 한다.
2) '~하러 가다'는 「go v-ing」로 나타낸다.
3) 빈칸에는 앞의 명사 The boy를 수식하면서 능동의 의미를 가지는 현재분사 sitting이 들어가야 한다.

25 비교급

해석 b. 그의 손목시계는 나의 것보다 세 배 비싸다.   d. 나는 가능한 한 빨리 돌아올 것이다.   e. Ollie는 그의 남동생보다 훨씬 더 작았다.

해설 a. '다른 어떤 …보다 더 ~한'은 「비교급 + than any other + 단수명사」로 나타내므로, smart의 비교급인 smarter가 와야 한다. (smart → smarter)
c. hard의 비교급은 harder로 쓴다. (more and more hard → harder and harder)

누적 총정리 모의고사

3회

1 ① 2 ② 3 ⑤ 4 ① 5 ⑤ 6 ③ 7 ② 8 ④ 9 ① 10 ③
11 ③ 12 ⑤ 13 ② 14 ③ 15 ③ 16 ⑤ 17 ⑤ 18 ④
19 ③ 20 ⑤ 21 1) said (that) he would start his own
business 2) asked me where he could buy slippers
22 1) chatting 2) to turn off 23 1) should have woken
up 2) used to hate 24 1) other month is as hot as July
2) other month is hotter than July 25 1) O 2) X, getting
shorter and shorter 3) O

01 원형부정사
해석 나는 남동생이 내 방 안으로 들어오는 것을 보지 못했다.
해설 지각동사(see)의 목적격보어 자리에는 동사원형이나 현재분사가 들어가야 한다. 따라서, 빈칸에는 ① come이 들어갈 수 있다.

02 종속접속사 unless
해석 네가 거짓말을 하지 않는다면 나는 화내지 않을 것이다.
해설 '만약 ~가 아니라면'의 의미인 if ~ not은 ② unless로 바꿔 쓸 수 있다.

03 So/Neither[Nor] 도치
해석 A: 나는 록 음악을 좋아하지 않아.   B: 나도 좋아하지 않아. 그건 너무 시끄러워.
해설 ⑤ '~도 또한 그렇지 않다'의 의미로 부정문에 대답할 때, 「Neither + 동사 + 주어」의 형태로 쓴다.

04 Without[But for] 가정법
해설 주어진 우리말의 '~이 없었더라면, …했을 것이다'는 「Without[But for] + 가정법 과거완료」로 나타낼 수 있다. 이때의 Without[But for]은 If it had not been for로 바꿔 쓸 수 있다. 또한, If절의 if를 생략하고 주어, 동사를 도치하여 Had it not been for로 쓸 수도 있다.
어휘 parachute 낙하산

05 관계대명사 that / 종속접속사 that
해석 이것은 우리 동네에서 촬영된 영화이다.
① 나는 회의가 있다는 것을 잊었다.   ② Jake가 수업에 빠지다니 이상한 일이었다.   ③ 나는 경기에서 아무도 다치지 않기를 바란다.   ④ 그녀는 내게 파티에 올 수 없다고 말했다.   ⑤ 무료 영어 강좌를 제공하는 몇몇 웹 사이트들이 있다.

해설 주어진 문장과 ⑤의 밑줄 친 that은 앞의 선행사를 수식하는 주격 관계대명사로 쓰임이 같다. 나머지의 밑줄 친 that은 명사절을 이끄는 종속접속사로 ①, ③, ④는 목적어, ②는 주어로 쓰였다.
어휘 film 촬영하다   competition 경쟁, 경기

06 to부정사의 부사적 용법
해석 John은 예약을 하기 위해 병원에 전화했다.
① 나는 네가 나를 믿는 것을 기대하지 않는다.   ② 그는 그녀를 속이려고 우는 척을 했다.   ③ 나는 건강을 유지하기 위해 매일 체육관에 간다.   ④ 나의 계획은 시내에 식당을 여는 것이다.   ⑤ 밤에 혼자 걸어 다니는 것은 위험하다.
해설 주어진 문장과 ③의 밑줄 친 부분은 〈목적〉을 나타내는 to부정사의 부사적 용법으로 쓰임이 같다. 나머지는 모두 명사적 용법으로 쓰인 to부정사로 ①은 목적격보어, ②는 목적어, ④는 주격보어, ⑤는 진주어 역할을 한다.
어휘 make an appointment 약속을 하다, 예약하다   trick 속이다   keep in shape 건강을 유지하다   downtown 시내에

07 「의문사 + to부정사」 / 현재분사와 과거분사 / to부정사를 목적어로 쓰는 동사 / as if + 가정법 과거 / 과거완료
해석 ① 나는 그녀에게 뭐라고 말할지 몰랐다.   ③ 나의 언니는 곧 아기를 갖기를 기대한다.   ④ John은 그가 상사인 것처럼 말하지만, 그는 상사가 아니다.   ⑤ 나는 사무실에 내 가방을 두고 왔음을 깨달았다.
해설 ② 문은 '칠해지는' 것이므로, 〈수동·완료〉의 의미를 나타내는 과거분사 painted로 써야 한다. (painting → painted)

08 상관접속사
해석 ① John도 Norah도 선거에서 이기지 못했다.   ② 몇몇 거북이들은 물속과 땅 위 둘 다에서 살 수 있다.   ③ 이 텔레비전 프로그램은 미국에서뿐만 아니라 한국에서도 무척 인기 있었다.   ⑤ Cathy는 숙제를 했을 뿐만 아니라 부모님을 위해 저녁도 만들었다.
해설 ④ 'A 또는 B'는 상관접속사 「either A or B」로 나타낼 수 있다. (and → or)
어휘 election 선거

09 수 일치
해석 a. 우리 사무실 대부분의 사람들은 일본 출신이다.   b. 각각의 방에는 작은 냉장고가 있다.
해설 a. 「most + of + 명사」의 경우 명사의 수에 동사의 수를 일치시킨다. 뒤에 복수명사가 왔으므로 복수형 동사가 와야 한다. / b. 「Each + 단수명사」는 단수 취급하므로 단수형 동사가 와야 한다.

10 가정법 과거완료 / 관계대명사
해석 a. 내가 바쁘지 않았더라면, 나는 식에 참석할 수 있었을 텐데.
b. 어둠 속에 앉아있는 저 남자는 Morris 씨이다.
해설 a. '(만약) ~했더라면, …했을 텐데'라는 의미의 과거 사실과 반대되는 가정은 「If + 주어 + had v-ed, 주어 + 조동사의 과거형 + have v-ed」의 가정법 과거완료로 나타낸다. / b. 선행사가 사람일 때, 주격 관계대명사는 who 또는 that을 쓸 수 있다.

11 부분부정

해석 ① 어떤 학생도 새 정책에 만족하지 않는다. ② 모든 학생이 새 정책에 만족한다. ③ 모든 학생이 새 정책에 만족하는 것은 아니다. ④ 모든 학생이 새 정책에 만족한다. ⑤ 학생들 중 누구도 새 정책에 만족하지 않는다.

해설 주어진 우리말의 '모든[항상] ~인 것은 아니다'는 ③ 「not + every」 형태의 부분부정으로 나타낼 수 있다.

어휘 be satisfied with ~에 만족하다 policy 정책

12 조동사 should / 조동사 + have v-ed

해석 a. 너는 그 벽에 기대지 않아야 한다. 그것은 금이 갔다. b. 우리는 그와 사진을 찍었어야 해. 그는 유명한 배우였어!

해설 a. 빈칸에는 '~해야 한다'라는 의미로 〈의무·충고〉를 나타내는 조동사 should나 had better를 쓸 수 있다. / b. 문맥상 '~했어야 했다(그러나 하지 않았다)'라는 〈과거 사실에 대한 후회나 유감〉을 나타내므로 「should have v-ed」 형태로 쓴다.

어휘 lean 기대다 cracked 금이 간, 갈라진

13 수 일치 / 시제 일치의 예외

해석 a. 많은 도시에서 새의 수가 줄어들고 있다. b. 나는 물이 수소와 산소로 이루어져 있다는 것을 배웠다.

해설 a. 「the number of + 복수명사」는 '~의 수'라는 의미이고 단수 취급하므로 빈칸에는 is 또는 was가 들어갈 수 있다. / b. 과학적 사실은 주절의 시제와 관계 없이 항상 현재시제를 쓰므로 is가 들어가야 한다.

어휘 decline 감소하다, 줄어들다 hybrogen 수소 oxygen 산소

14 전체부정 / 원급, 최상급을 이용한 비교 / 조동사 used to / 관계대명사의 계속적 용법

해설 「used to-v」는 '~하곤 했다'라는 뜻의 〈과거의 습관〉을 나타내는 조동사로, ③은 '내가 어렸을 때, 나는 혼자 여행하곤 했다.'라고 해석한다.

어휘 guilty 죄책감이 드는

15 관계사 / 분사구문

해석 a. 내가 온라인에서 산 원피스는 나에게 맞지 않았다. d. 이 지도 앱을 사용하면, 너는 길을 쉽게 찾을 수 있다.

해설 b. 주어진 문장은 This is the hotel.과 Queen Elizabeth stayed in the hotel.이 합쳐진 문장이므로, 관계대명사를 써서 This is the hotel which[that] Queen Elizabeth stayed in. 또는 This is the hotel in which Queen Elizabeth stayed.로 써야 한다. 또는 관계부사를 써서 This is the hotel where Queen Elizabeth stayed.로 써야 한다. / c. Being foggy all day는 부사절인 As it was foggy all day를 분사구문으로 바꾼 것으로, 주절의 주어(many car accidents)와 부사절의 주어(it)가 같지 않으므로, 부사절의 주어를 써 주어야 한다. (Being foggy all day → It being foggy all day)

어휘 fit 맞다 foggy 안개 긴

16 복합관계부사

해설 ⑤ 주어진 우리말의 '아무리 ~하더라도'는 복합관계부사 However 또는 No matter how로 나타낼 수 있다.

어휘 properly 제대로

17 regret + 동명사[to부정사] / 동명사의 의미상의 주어 / 가목적어 it / 완료부정사

해석 a. 그는 너무 어렸을 때 결혼한 것을 후회한다. b. 엄마는 내가 수술을 받는 것에 관해서 걱정하신다. c. 그 배우는 그의 대사를 외우는 것이 어렵다는 것을 알았다. d. 그 용의자는 모든 증거를 없앤 것처럼 보인다.

해설 a. '~했던 것을 후회하다'는 「regret + 동명사」로 나타낼 수 있다. / b. 「be worried about」은 '~에 관해 걱정하다'의 뜻으로, about이 전치사이므로 뒤에 동명사가 와야 하고, 동명사의 의미상의 주어는 소유격이나 목적격으로 써야 한다. / c. to부정사의 목적어가 길어지는 경우, to부정사구(to memorize his lines)를 뒤로 보내고, 그 자리에 가목적어 it을 대신 써야 한다. / d. to부정사의 시제가 문장의 시제보다 앞서는 경우, 완료부정사 형태인 「to have v-ed」를 쓴다.

어휘 surgery 수술 memorize 암기하다 line 대사 suspect 용의자 destroy 파괴하다 evidence 증거

18 종속접속사 if

해석 ① 질문이 있으면 손을 드세요. ② 누군가 전화하면 내가 7시에 돌아온다고 말해줘. ③ 네가 괜찮다면 나는 오늘 밤 집에 있고 싶다. ④ 그 가게가 일요일에 여는지 아닌지 확실하지 않다. ⑤ 그를 보면 내 사무실로 오라고 말해줘.

해설 ④의 if는 '~인지 (아닌지)'의 의미이고 나머지는 '(만약) ~라면'의 의미이다.

19 관계사

해석 b. 그녀는 내가 그녀를 위해 디자인한 드레스를 입고 있다. c. 나는 매년 눈 축제가 열리는 도시를 방문했다.

해설 a. 문맥상 '무엇을 ~하더라도'라는 의미의 whatever를 '~하는 언제든지'의 의미인 복합관계부사 whenever로 고쳐야 한다. (whatever → whenever) / d. 관계대명사 앞에 선행사가 없으므로, Which를 '~하는 것'의 의미로 선행사를 포함하는 관계대명사 What으로 고쳐야 한다. (Which → What) / e. 관계부사 how와 the way는 함께 쓰지 않고, 둘 중 하나만 쓴다. (the way how → the way 또는 how)

어휘 communicate 의사소통을 하다

20 현재완료 / 4형식·5형식 문장의 수동태 / 미래완료

해석 ① 너는 인도 현지 음식을 먹어본 적이 있니? ② 그 학생들은 규칙에 따르도록 만들어졌다. ③ 그가 어젯밤에 건물에 들어가는 것이 목격되었다. ④ 우리는 오후 8시까지는 터미널에 도착해 있을 것이다.

해설 ⑤ 수여동사 give의 직접목적어를 주어로 수동태 문장을 만들 때, 간접목적어 앞에 전치사 to를 쓴다. (of → to)

어휘 local 지역의, 현지의 obey 복종하다, 따르다 reliable 믿을 만한

21 화법

해석 1) 형이 "나는 내 사업을 시작할 거야."라고 말했다. → 형은 <u>그가 자신의 사업을 시작할 거라고</u> 말했다.

2) 그는 내게 "어디서 제가 슬리퍼를 살 수 있습니까?"라고 물었다. → 그는 내게 <u>어디서 그가 슬리퍼를 살 수 있는지</u> 물었다.

해설 1) 평서문의 직접화법을 간접화법으로 바꿀 때는 주절의 전달 동사 said는 그대로 두고, 주절의 콤마와 인용 부호를 없애고 접속사 that을 쓴 후, 종속절의 인칭대명사와 부사, 동사를 문맥 및 시제에 맞게 바꾼다.

2) 의문사가 있는 의문문을 간접화법으로 바꿀 때는 「ask (+ 목적어) + 의문사 + 주어 + 동사」로 쓰고, 종속절의 인칭대명사와 동사 등을 문맥 및 시제에 맞게 바꾼다.

22 동명사를 목적어로 쓰는 동사 / remember + 동명사[to부정사]

해석 1) 공연 중에는 다른 사람들과 잡담하는 것을 피하세요.

2) 공연이 시작되기 전에 당신의 휴대전화를 <u>꺼야 할 것을</u> 기억하세요.

해설 1) avoid는 동명사를 목적어로 쓰는 동사이므로, 빈칸에는 chatting을 쓴다.

2) 문맥상 '휴대전화를 꺼야 할 것을 기억하다'라는 의미가 되어야 하므로, '(앞으로) ~할 것을 기억하다'의 의미인 「remember + to부정사」를 이용하여 빈칸을 완성한다.

23 조동사 + have v-ed / 조동사 used to

해설 1) '~했어야 했다(그러나 하지 않았다)'라는 의미의 〈과거 사실에 대한 후회나 유감〉은 「should have v-ed」로 나타낸다.

2) '~하곤 했다'라는 〈과거의 습관〉이나 '~이었다'라는 〈과거의 상태〉를 나타낼 때는 조동사 used to를 쓴다.

어휘 seafood 해산물

24 원급과 비교급을 이용한 최상급 표현

해석 7월이 베트남에서 가장 더운 달이다.

1) 어떤 달도 베트남에서 <u>7월만큼</u> 덥지 않다.

2) 어떤 달도 베트남에서 <u>7월보다</u> 더 덥지 않다.

해설 1) 원급을 이용하여 '어떤 것[누구]도 …만큼 ~하지 않는'이라는 최상급의 의미는 「No (other) + 단수명사 ~ as[so] + 원급 + as」로 나타낸다.

2) 비교급을 이용하여, '어떤 것[누구]도 …보다 더 ~하지 않은'의 최상급의 의미는 「No (other) + 단수명사 ~ 비교급 + than」으로 나타낸다.

25 by 이외의 전치사를 쓰는 수동태 / 비교급을 이용한 비교 / 현재분사와 과거분사

해석 1) Adele의 새 앨범은 그녀의 삶에 대한 곡들로 <u>가득 차</u> 있다.

3) 두 도시를 <u>연결하는</u> 다리가 폭설로 인해 차단되었다.

해설 2) '점점 더 ~한[하게]'은 「비교급 + and + 비교급」의 형태로 나타내야 하므로, 원급 형용사인 short를 비교급인 shorter로 고쳐야 한다. (getting short and short → getting shorter and shorter)

어휘 connect 연결하다   block 막다, 차단하다

누적 총정리 모의고사

4회

1 ③ 2 ② 3 ① 4 ⑤ 5 ⑤ 6 ⑤ 7 ② 8 ① 9 ②, ④
10 ② 11 ③ 12 ③ 13 ⑤ 14 ①, ⑤ 15 ⑤ 16 ④
17 ①, ④ 18 ②, ③ 19 ① 20 ③ 21 has been exercising
22 it was easy for Indians to get salt 23 1행: winning →
win 또는 to win 8행: fighting → to fight 24 1) Hardly did I
understand the story. 2) It was an ancient treasure that
my grandfather found in his garden. 25 1) Interesting
→ Interested 2) interested → interesting 3) the more
interesting → the most interesting

01 시제 일치의 예외

해석 그 웹 사이트는 트레비 분수의 공사가 1762년에 완료되었다고 말한다.

해설 ③ 종속절이 과거의 역사적 사실을 나타낼 때, 주절의 시제와 상관없이 과거시제를 쓴다.

어휘 construction 공사, 건설   fountain 분수   complete 완성하다

02 원급을 이용한 비교 / 비교급 강조

해석 a. 너는 네가 원하는 만큼 많이 먹어도 된다.   b. 그 회사는 올해 작년보다 훨씬 더 많은 돈을 벌었다.

해설 a. '~만큼 …하는'의 의미는 원급 비교 「as + 원급 + as」의 형태로 나타내므로, 빈칸에는 '많이'를 뜻하는 원급 부사 much가 들어가야 한다. / b. 비교급(more)을 강조하는 부사로는 much, far, even, still, a lot 등이 있다.

03 조건 부사절의 시제

해석 A: 내 카메라를 너의 차에 두고 내린 것 같아.   B: 그것을 <u>찾으면</u> 너한테 전화할게.

해설 ① 단순히 조건을 나타내는 if절로 이러한 조건 부사절에서는 현재시제가 미래시제를 대신한다.

04 지각·사역동사의 수동태

해석 a. 그들이 거리에서 싸우고 있는 것이 보였다.   b. 나는 엄마에 의해 마당을 <u>청소하도록</u> 시켜졌다.

해설 a. 지각동사의 목적격보어로 쓰인 현재분사는 수동태 전환 시 현재분사(fighting) 그대로 쓴다. / b. 사역동사 make의 목적격보어로 쓰인 동사원형은 수동태 전환 시 to부정사(to clean)로 쓴다.

05 관계대명사

해석 이것은 _____ 일기장이다.
① 내가 그녀의 침대 밑에서 발견한 ② 표지가 더럽고 찢긴 ③ 가장 친한 친구가 나에게 준 ④ 그녀가 벼룩시장에서 산 ⑤ 그가 매일 쓰곤 했던 것

해설 ⑤ 관계대명사 what은 선행사를 포함하는 관계대명사로 앞에 선행사 (the diary)가 올 수 없다. (what → which 또는 that)

어휘 rip 찢다 flea market 벼룩시장

06 동명사 관용 표현

해설 ⑤ '~하는 데 어려움을 겪다'는 「have difficulty v-ing」로 나타낼 수 있다. ① ~하고 싶다: 「feel like v-ing」 (to eat → eating) ② ~하자마자: 「upon v-ing」 (arrive → arriving) ③ ~할 만한 가치가 있다: 「be worth v-ing」 (visit → visiting) ④ ~하는 데 시간을 쓰다: 「spend + 시간 + v-ing」 (to play → playing)

어휘 call a meeting 회의를 소집하다 graduate 졸업생

07 원급과 비교급을 이용한 최상급 표현

해석 ① 어떤 프로그램도 이 프로그램만큼 정확하지 않다. ② 다른 프로그램들은 이 프로그램만큼 정확하다. ③ 다른 어떤 프로그램도 이 프로그램보다 더 정확하지 않다. ④ 이 프로그램은 다른 어떤 프로그램보다 더 정확하다. ⑤ 이 프로그램은 다른 모든 프로그램보다 더 정확하다.

해설 ②를 제외한 나머지 문장들은 모두 '이 프로그램이 제일 정확하다'는 최상급의 의미를 가진다.

어휘 accurate 정확한

08 분사구문

해석 만약 따뜻한 우유를 마시면 당신은 더 잘 잘 것이다. → 따뜻한 우유를 마시면 당신은 더 잘 잘 것이다.
① 만약 ~라면 ② ~까지 ③ ~하는 동안 ④ ~전에 ⑤ 비록 ~일지라도

해설 ① 문맥상 〈조건〉을 나타내는 분사구문이므로 부사절의 빈칸에는 접속사 If가 들어가는 것이 적절하다.

09 관계대명사의 생략

해석 ① 나는 네가 만든 애플파이를 맛있게 먹었다. ② 내가 머물렀던 호텔은 정말 좋았다. ③ 내가 함께 일하는 사람들은 정말 창의적이다. ④ Jenny는 그녀의 언니를 소개했는데, 그녀는 소설가였다. ⑤ 나는 초콜릿으로 코팅이 된 케이크를 샀다.

해설 ② 전치사 뒤에 쓰인 관계대명사는 생략할 수 없다. ④ 계속적 용법으로 쓰인 관계대명사는 생략할 수 없다.

어휘 coat (막 같은 것을) 덮다[입히다]

10 종속접속사 as

해석 ① 늦었기 때문에 그는 택시를 탔다. ② 그녀가 조깅하러 나갔을 때 비가 오기 시작했다. ③ 그녀는 피곤했기 때문에 따뜻한 목욕을 했다. ④ 그는 마지막 버스를 놓쳤기 때문에 집에 걸어가야 했다. ⑤ 그녀는 채식주의자이기 때문에 오직 샐러드만 주문했다.

해설 ②의 밑줄 친 as는 '~할 때'라는 의미의 〈시간〉을 나타내는 종속접속사이다. 나머지는 모두 '~이기 때문에'라는 의미의 〈이유〉를 나타내는 종속접속사이다.

어휘 vegetarian 채식주의자

11 So/Neither[Nor] 도치 / 가정법 과거완료 / 수 일치

해석 (A) 그는 중국어를 말하고, 나도 또한 그렇다. (B) 내게 오븐이 있었다면, 나는 미나를 위해 케이크를 구울 수 있었을 텐데. (C) Jane과 그녀의 남편 둘 다 광고 회사에서 일한다.

해설 (A) '~도 또한 그렇다'의 의미로 긍정문에 덧붙일 때, 「So + 동사 + 주어」의 어순으로 쓴다. / (B) '(만약) ~했더라면, …했을 텐데'라는 의미의 가정법 과거완료는 「If + 주어 + had v-ed, 주어 + 조동사의 과거형 + have v-ed」 형태로 나타낸다. / (C) 「both A and B」는 항상 복수 취급하므로, 동사 역시 복수형 동사를 써야 한다.

12 현재분사와 과거분사 / 감정을 나타내는 분사 / 최상급을 이용한 비교

해석 (A) 번쩍이는 불빛이 내 눈을 아프게 했다. (B) 우리 여동생을 보고 우리는 아주 신이 났다. (C) 그것은 내가 봤던 뱀 중 가장 긴 뱀이었다.

해설 (A) 괄호 안에는 명사 light를 수식하는 〈능동·진행〉의 의미를 가지는 현재분사 flashing이 들어가야 한다. / (B) thrill처럼 감정을 나타내는 동사는 '~한 감정을 느끼게 되는'이라는 〈수동〉의 뜻이면 과거분사로 써야 하므로, 괄호 안에는 과거분사 thrilled가 들어가야 한다. / (C) '(주어가) 지금까지 ~한 것 중 가장 …한'의 의미는 「the + 최상급 + 명사 (+ that) + 주어 + have ever v-ed」로 나타내므로 빈칸에는 최상급인 the longest가 들어가야 한다.

어휘 flash 번쩍이다

13 조동사 / 현재완료 진행형

해석 ① 그녀는 매일 물을 더 많이 마셔야 한다. ② 그들은 한 시간 동안 테니스를 치고 있다. ③ 나는 저녁을 먹은 후에 형과 산책하곤 했다. ④ 나는 연설 중에 실수를 좀 했을지도 모른다. ⑤ 나는 책들을 도서관에 반납했어야 했다.

해설 ⑤ 「should have v-ed」는 '~했어야 했다'라는 뜻의 〈과거 사실에 대한 후회〉를 나타내는 조동사 표현이다. ① ought to: ~해야 한다 〈의무·충고〉 ② have been v-ing: ~해 오고 있다 〈현재완료 진행형〉 ③ used to: ~하곤 했다 〈과거의 습관〉 ④ may have v-ed: ~이었을지도 모른다 〈과거 사실에 대한 약한 추측〉

14 관계대명사

해석 a. 나는 그녀와 함께 말하고 있는 사람을 모른다. b. 결과는 우리가 예상했던 것과 다르다. c. 나는 바이올린을 샀는데, 그것은 프랑스에서 만들어졌다.

해설 a. 선행사가 사람(a person)이고 앞에 전치사가 있으므로 빈칸에는 ③ whom을 써야 한다. / b. 빈칸 앞에 선행사가 없으므로 선행사를 포함한 관계대명사 ④ what을 써야 한다. / c. 선행사가 사물(a violin)일 때, 계속적 용법의 관계대명사는 ② which를 써야 한다. that은 계속적 용법으로 쓸 수 없다.

15 to부정사와 동명사를 목적어로 쓰는 동사 / 독립부정사 / 동명사 관용 표현

해석 ① A: 나는 바이올린 수업을 그만둔 것을 후회해. B: 거기에 다시 참여해 보는 건 어때? ② A: 파티는 어땠니? B: 솔직히 말하자면, 지루했어. ③ A: 회의가 취소된 것을 알리게 되어서 유감이에요. B: 아, 유감입니다. ④ A: 미술 시간에 내 색연필을 썼니? B: 응, 그건 카드를 꾸미는 데 쓰였어. ⑤ A: 그녀는 미인 대회에서 수상한 것을 자랑스러워 하셔. B: 응. 그녀가 그것에 대해 말해야 할 것을 기억해.

해설 ⑤ A의 말에 B가 '그녀가 그것에 대해 말했던 것을 기억해'라고 답하는 것이 자연스럽다. 따라서, B는 '(과거에) ~했던 것을 기억하다'의 의미인 「remember + 동명사」를 써서 I remember her talking about it.이라고 답하는 것이 적절하다.

어휘 inform 알리다 cancel 취소하다 beauty contest 미인 대회

16 비교

해석 ① 기차 A는 세 기차 중에서 가장 일찍 출발한다. ② 기차 A는 세 기차 중에서 가장 긴 시간이 걸린다. ③ 기차 B는 기차 A만큼 싸지 않다. ④ 기차 B는 세 기차 중에서 가장 빠르다. ⑤ 기차 C는 다른 모든 기차보다 더 비싸다.

해설 서울에서 전주까지 가는 데 기차 A는 3시간, 기차 B는 2시간 30분, 기차 C는 2시간이 걸리므로, 세 기차 중에서 가장 빠른 기차는 기차 C이다. 따라서 ④의 문장은 표와 일치하지 않는다.

어휘 departure 출발(depart 출발하다) arrival 도착 price 가격

17 접속사와 전치사 / 종속접속사 / 조건 부사절의 시제

해석 ② 그는 너무 어려서 학교에 갈 수 없다. ③ 그가 친절하고 예의 바르기 때문에 사람들은 그를 좋아한다. ⑤ 그녀가 여기 없음에도 불구하고, 나는 여전히 그녀에게 감사하고 싶다.

해설 ① 접속사 Though 다음에는 「주어 + 동사」 어순의 절이 와야 하고, 전치사 despite 다음에는 명사나 명사 상당어구가 와야 한다. (Though → Despite) ④ 조건을 나타내는 부사절에서는 현재시제가 미래시제를 대신 한다. (will see → see)

어휘 pitch (야구에서) 투구하다 shooting star 별똥별

18 수동태 / 조동사

해석 ① 많은 문화 유적지들이 정부에 의해 보존되고 있다. ④ 나는 라스베가스로 떠나기 전에 차를 점검해야 한다. ⑤ 새 책상과 의자가 각각의 직원들에게 주어질 것이다.

해설 ② 동사 make가 포함된 4형식 문장의 수동태는 직접목적어를 주어로 하는 경우 간접목적어 앞에 전치사 for를 쓴다. (to → for) ③ 조동사 두 개는 나란히 함께 쓰일 수 없다. (will can → will be able to 또는 will이나 can 중 하나 삭제)

어휘 preserve 보존하다

19 동명사와 현재분사

해석 ① 잠시만 기다려 주시겠습니까? ② 나는 문 밖에서 기다리고 있는

Jenny를 보았다. ③ 그 아이는 다음 버스를 끈기 있게 기다리며 앉아 있었다. ④ 줄을 서서 기다리는 사람들이 표를 가지고 있는지 확인해라. ⑤ 자기 차례를 기다리는 면접자들은 긴장되어 보였다.

해설 ①의 밑줄 친 단어는 문장에서 동사(mind)의 목적어 역할을 하는 동명사이고, 나머지 밑줄 친 단어들은 모두 현재분사이다.

어휘 patiently 끈기 있게 interview 면접 대상자

20 전체부정 / It is[was] ~ that 강조 / 부분부정

해설 ③ not always는 '항상 ~인 것은 아니다'라는 뜻의 부분부정을 나타내므로, '그 약은 항상 효과가 있는 것은 아니다.'라고 해석하는 것이 적절하다.

어휘 field 분야, 영역 appear 나타나다

21 현재완료 진행형

해석 그녀는 5월에 운동을 시작했다. 그녀는 여전히 운동하고 있다.
→ 그녀는 5월 이후로 운동을 해 오고 있다.

해설 주어진 문장처럼 과거에 시작된 일이 현재에도 계속 진행되고 있을 때는 「have[has] been v-ing」 형태의 현재완료 진행형을 사용해서 말할 수 있다.

[22-23]

해설 인도에서, 소금은 마하트마 간디가 영국인들로부터 독립을 쟁취하도록 도와주었다. 1920년대에, 인도인들이 소금을 얻는 것은 쉬웠다. 하지만, 영국 정부는 인도인들이 소금을 만드는 것을 불법으로 만들었다. 대신에, 그들은 소금을 영국으로부터 사야 했다. 영국 소금은 비쌌고, 이것은 가난한 사람들이 (소금을) 충분히 얻는 것을 어렵게 만들었다. 그래서 간디는 영국법에 맞서 싸우기로 결심했다.

어휘 independence 독립 government 정부 illegal 불법의, 불법적인 law 법

22 to부정사

해설 주어 자리에 가주어 it을 쓰고 진주어 to get salt는 문장 뒤로 보낸다. 의미상의 주어는 「for + 목적격」으로 나타낸다.

23 원형부정사 / to부정사를 목적어로 쓰는 동사

해설 1행: 동사 help는 목적격보어로 to부정사 또는 동사원형을 쓴다. (winning → win 또는 to win)
8행: decide는 목적어로 to부정사를 쓰는 동사이다. (fighting → to fight)

24 부정어 도치 / It is[was] ~ that 강조

해석 1) 나는 그 이야기를 거의 이해하지 못했다.
→ 나는 거의 그 이야기를 이해하지 못했다.
2) 할아버지는 그의 정원에서 고대 유물을 발견하셨다.
→ 할아버지가 그의 정원에서 발견하신 것은 바로 고대 유물이었다.

해설 1) hardly와 같은 부정어가 문장 맨 앞에 오고, 과거시제의 일반동사

가 쓰였으므로 「부정어(Hardly) + did + 주어 + 동사원형」의 형태로 나타낸다.

2) It was와 that 사이에 강조하고자 하는 말인 an ancient treasure 를 넣고, 나머지 단어들은 that 다음에 이어서 쓴다.

25 분사구문 / 감정을 나타내는 분사 / 최상급을 이용한 비교

해석 패션에 관심이 있어서 그녀는 미래에 패션 디자이너가 되고 싶다. 최근 그녀는 패션에 대한 흥미로운 잡지를 한 권 샀다. 그녀는 "이것은 지금까지 내가 읽어본 잡지 중 가장 흥미로운 잡지야!"라고 말했다.

해설 1) 앞에 Being이 생략된 분사구문으로 Interested가 되어야 한다. (Interesting → Interested)

2) 잡지(magazine)는 '흥미로운 감정을 유발하는' 것이므로 현재분사 interesting으로 써야 한다. (interested → interesting)

3) '지금까지 ~한 것 중 가장 …한'의 의미는 「the + 최상급 + 명사 + (that +) 주어 + have ever v-ed」로 나타내므로 최상급인 the most interesting이 되어야 한다. (the more interesting → the most interesting)

누적 총정리 모의고사

5회

1 ④ 2 ② 3 ④ 4 ③ 5 ⑤ 6 ② 7 ⑤ 8 ④ 9 ③ 10 ⑤
11 ⑤ 12 ③ 13 ⑤ 14 ② 15 ② 16 ④ 17 ③ 18 ③
19 ③ 20 ③ 21 1) is not healthy, can't play 2) didn't take, were 22 1) make it easy for people to swim in the sea 2) I thought it my duty to motivate our teammates 23 b. following → followed d. at → to
24 She likes baseball as well as ice hockey. 25 Do you know whether[if] she also likes basketball?

01 현재분사와 과거분사

해석 그는 나무에 둘러싸인 오두막집에 살았었다.

해설 빈칸에는 앞의 명사 a cabin을 수식하면서 〈수동〉의 의미를 가지는 과거분사 ④ surrounded가 들어가는 것이 적절하다.

어휘 cabin 오두막집 surround 둘러싸다

02 부분부정

해석 ① 어떤 거북이도 물속에 살지 않는다. ② 모든 거북이가 물속에 사는 것은 아니다. ③ 어떤 거북이도 물속에 살지 않는다. ④ 몇몇 거북이는 물속에 산다. ⑤ 모든 거북이가 물속에 살지 않는다.

해설 주어진 우리말의 '모든 ~가 …인 것은 아니다'는 부분부정으로 ②의 「not + all」 등의 형태로 나타낼 수 있다.

03 to부정사를 이용한 구문

해설 ④ '~인 것 같다'는 「seem to-v」인데 주절의 시제가 현재이므로 seems를 쓰고, to부정사의 시제가 문장의 시제보다 앞서기 때문에 완료부정사 형태 「to have v-ed」로 나타내야 한다.

04 동명사와 현재분사

해석 ① 그 아기는 우는 것을 멈추지 않았다. ② Jason은 젓가락을 사용하는 것에 익숙하다. ③ Emma와 이야기하고 있는 저 소년은 누구니? ④ 그녀의 직업은 밴드에서 드럼을 치는 것이다. ⑤ 오늘밤 침낭을 가져와야 할 것을 잊지 마라.

해설 ③의 밑줄 친 부분은 the boy를 수식하는 현재분사이고, 나머지 밑줄 친 부분들은 모두 동명사(① 목적어 역할, ② 동명사 관용 표현, ④ 보어 역할, ⑤ 용도나 목적을 나타내는 동명사)이다.

어휘 chopsticks 젓가락 sleeping bag 침낭

05 I wish + 가정법 과거완료

해석 그 식당은 꽉 차서, 나는 오랫동안 기다려야 할 것이다. 내가 예약을 했었다면 좋을 텐데.

해설 예약을 하지 못한 과거의 일에 대해 후회를 하고 있으므로, 과거의 일에 대한 유감을 나타내는 「I wish + 주어 + had v-ed」 형태의 「I wish + 가정법 과거완료」를 써야 한다. 따라서, 밑줄 친 make는 had v-ed 형태의 ⑤ had made로 고쳐야 한다.

어휘 make a reservation 예약하다

06 동명사 관용 표현 / 동명사를 목적어로 쓰는 동사

해석 a. 우리 할머니는 대도시에서 사는 것에 익숙하지 않으시다. b. Joe는 룸메이트와 사는 것을 개의치 않는다고 말한다.

해설 a. '~하는 것에 익숙하다'는 동명사 관용 표현인 「be used to v-ing」로 나타낼 수 있으므로, 빈칸에는 ② living이 들어갈 수 있다. / b. mind는 동명사를 목적어로 쓰는 동사이므로, 빈칸에는 ② living이 들어갈 수 있다.

07 접속사와 전치사

해석 a. 코코아는 겨울 동안에 잘 팔린다. b. 내 남편이 내 생일을 잊어버려서 나는 기분이 나빴다.

해설 a. 빈칸 뒤에 '특정한 때'를 나타내는 명사구가 나오므로, 빈칸에는 전치사 during이 들어가야 한다. / b. 빈칸 뒤에 「주어 + 동사」 형태의 절이 나오므로, 빈칸에는 접속사 because가 들어가야 한다.

08 미래완료 / 현재완료

해석 a. 오후 한 시에 다시 전화해라. 그때까지는 그가 점심식사를 끝내게 될 것이다. b. 우리는 9년 동안 서로를 알아왔다.

해설 a. by then을 통해 미래완료인 「will have v-ed」로 써야 함을 알 수 있다. 따라서, 괄호 안에는 will have finished가 들어가야 한다. / b. 주어진 문장은 현재완료의 〈계속〉 용법으로, 「have v-ed」의 형태로 써야 한다.

09 간접의문문

해석 ① 나에게 말해줘. + 어젯밤 무슨 일이 있었니? → 어젯밤 무슨 일이 있었는지 나에게 말해줘. ② 나는 모르겠다. + 내 휴대전화가 어디에 있지? → 나는 내 휴대전화가 어디에 있는지 모르겠다. ③ 너는 생각하니? + 누가 이 꽃을 보냈니? ④ 나는 기억할 수 없다. + 내가 내 차를 어디에 주차했지? → 나는 내 차를 어디에 주차했는지 기억할 수 없다. ⑤ 나는 확신할 수 없다. + 이 근처에 약국이 있니? → 나는 이 근처에 약국이 있는지 확신할 수 없다.

해설 ③ 주절의 동사가 think, believe, guess, suppose 등인 경우, 의문사를 문장의 맨 앞에 둬야 한다. 따라서 '누가 이 꽃을 보냈다고 생각하니?'는 Who do you think sent this flower?로 써야 한다.

10 to부정사를 이용한 구문

해석 나는 너무 바빠서 우리의 기념일을 축하할 수가 없었다. ① 나는 우리의 기념일을 축하할 만큼 충분히 바빴다. ② 나는 너무 바빠서

우리의 기념일을 축하했다. ③ 우리의 기념일을 축하하기 위해서 나는 바빴다. ④ 나는 너무 바빠서 우리의 기념일을 축하할 수 있었다. ⑤ 나는 너무 바빠서 우리의 기념일을 축하할 수가 없었다.

해설 주어진 문장의 「too + 형용사 + to-v」는 '너무 ~해서 …할 수 없는'의 의미로, ⑤의 「so + 형용사 + that + 주어 + can't[couldn't] + 동사원형」으로 바꿔 쓸 수 있다.

어휘 celebrate 축하[기념]하다 anniversary 기념일

11 복합관계사

해석 ① 네가 아무리 빨리 달릴지라도, 너는 경주에서 이길 수 없다. ② 그가 무엇을 말하더라도, 그를 믿지 말아라. ③ 나의 개는 내가 가는 곳은 어디든지 나를 따라온다. ④ 네가 언제 나를 필요로 하더라도, 나는 항상 너의 곁에 있을 것이다. ⑤ 당신이 좋아하는 것은 어느 것이든 자유롭게 고르세요.

해설 ⑤ 밑줄 친 whichever는 '~하는 것은 어느 것이든'의 의미로 명사절을 이끌고, no matter which는 '어느 것을 ~하더라도'의 의미로 부사절을 이끌기 때문에, 서로 바꿔 쓸 수 없다. (no matter which → anything which)

12 분사구문 / 현재분사와 과거분사

해석 저는 Tom이고 환경운동가입니다. 환경 문제에 관심이 생겨서, 저는 〈푸른 행성〉이라고 불리는 다큐멘터리 시리즈를 만들기 시작했습니다. 그것은 지구 온난화에 관한 것입니다.

해설 ⓐ 분사구문의 생략된 주어인 I와 동사인 become 사이에 능동 관계가 성립하므로, 밑줄 친 Become은 현재분사 Becoming으로 고쳐야 한다. / ⓑ 다큐멘터리 시리즈는 〈푸른 행성〉이라고 '불리는' 것이므로, call은 〈수동〉의 의미를 가지는 과거분사 called로 고쳐야 한다.

어휘 environmentalist 환경운동가 global warming 지구 온난화

13 I wish + 가정법 과거완료 / do 강조

해석 A: 엄마, 저 과학 시험에서 나쁜 성적을 받았어요. 제가 더 열심히 공부했다면 좋을 텐데요. B: 넌 정말 열심히 공부했어. 너는 최선을 다했어.

해설 첫 번째 빈칸에는 '~했다면 좋을 텐데'의 의미로 과거의 일에 대한 유감을 나타내는 「I wish + 주어 + had v-ed」가 되어야 하므로 had studied가 와야 한다. 두 번째 빈칸에는 강조를 나타내는 do동사가 와야 하는데, 문장이 과거시제이므로 did가 와야 한다.

14 상관접속사

해석

Jake와 Fred의 취향		
	Jake	Fred
음식	새우 버거	새우 버거
영화	공포 영화	코미디 영화
음악	팝 음악	팝 음악, 록 음악
싫어하는 것	벌레	귀신, 벌레

① Jake와 Fred 둘 다 새우 버거를 좋아한다. ② Jake 뿐만 아니라 Fred도 공포 영화를 좋아한다. ③ Fred는 팝 음악뿐만 아니라 록 음악도

좋아한다. ④ Jake도 Fred도 벌레를 좋아하지 않는다. ⑤ Fred는 유령과 벌레 둘 다 싫어한다.

해설 표를 통해 Jake는 공포 영화를 좋아하지만 Fred는 코미디 영화를 좋아한다는 것을 알 수 있으므로, ②의 문장은 표의 내용과 일치하지 않는다.

어휘 bug 벌레

15 도치 / It is[was] ~ that 강조 / 병렬

해석 a. 복도 끝에 Grey 씨의 사무실이 있다. b. 화재가 시작된 것은 바로 부엌에서였다. d. 나는 TV를 보는 것도 음악을 듣는 것도 좋아하지 않는다.

해설 c. 부정의 의미를 나타내는 부사 Rarely가 문장 맨 앞에 오면 도치가 일어나므로 「Rarely + 동사 + 주어」의 어순으로 쓴다. (this phrase is used → is this phrase used) / e. 상관접속사 「neither A nor B」에서 A와 B는 문법상 동일한 형태나 구조를 가진다. allow의 목적격보어인 to take와 병렬구조를 이뤄야 하므로, using을 to부정사의 형태로 고쳐야 한다. (using → (to) use)

어휘 hallway 복도 phrase 구절, 관용구 audience 관객

16 to부정사 / 동명사

해석 (A) 그는 만화 시리즈를 그리기 시작했다. (B) 사람들은 새로운 것들을 시도하지 않았던 것을 후회하는 경향이 있다. (C) 나는 새치기하는 것이 잘못됐다고 생각한다. (D) 너희 학교는 얼마나 머니? (E) John은 미식축구 선수가 되기 위해 최선을 다했다.

해설 (D) 밑줄 친 it은 〈거리〉를 나타내는 비인칭주어 it이다.

17 조동사 / 미래완료

해석 (A) 나는 내일까지 기다리느니 차라리 지금 떠나겠다. (B) 그는 다음 주면 6개월째 병원에 있어온 게 될 것이다. (C) 어린이를 위한 수영장이 있었다.

해설 (A) 'B하느니 차라리 A하겠다'라는 의미의 「would rather A than B」의 would rather가 들어가는 것이 자연스럽다. / (B) by next week를 통해 미래완료 시제임을 알 수 있다. 따라서 빈칸에는 will have가 들어가는 것이 적절하다. / (C) '~하곤 했다'라는 의미의 〈과거의 상태〉를 나타내는 used to를 쓰는 것이 적절하다.

18 to부정사 + 전치사 / to부정사의 의미상의 주어 / to부정사를 이용한 구문 / 동명사를 목적어로 쓰는 동사 / 「의문사 + to부정사」

해석 ① 우리는 머물 호텔을 찾고 있다. ② 내 개를 돌봐주다니 너는 친절하구나. ④ 전기 없이 사는 것을 상상해 봐. ⑤ 나는 어디서 내 오래된 사진들을 찾을 수 있는지 몰랐다.

해설 ③ '~할 만큼 충분히 …한'의 의미는 「형용사 + enough + to-v」로 쓴다. (enough rich to afford → rich enough to afford)

19 to부정사를 이용한 구문 / to부정사와 동명사를 목적어로 쓰는 동사 / 원형부정사 / 가주어 it

해석 (진료실에서)
A: 어디가 안 좋으세요? B: 허리가 아파요. 약 일주일 전에 아프기 시작했

어요. 약을 먹어야 하나요? A: 아니요, 하지만 운동하는 것은 당신이 더 나아지도록 도와줄 겁니다. 그리고 매일 운동하는 것이 중요해요. B: 매일이요? 하지만 저는 너무 바빠서 운동할 시간을 찾을 수 없어요.

해설 ③ help는 목적격보어로 동사원형이나 to부정사를 쓴다. (feeling → feel 또는 to feel)

20 수동태

해석 a. 그들이 함께 걷는 것이 목격되었다. b. 천 달러가 은행에 의해 김 씨에게 빌려졌다. c. 그녀의 사물함은 책으로 가득 차 있었다. d. 스웨터가 엄마에 의해 Tim에게 구입되었다. e. 그가 실종됐다고 믿어졌다.

해설 a. 지각동사의 목적격보어로 쓰인 분사는 수동태 전환 시 그대로 쓰므로, 빈칸에는 현재분사 ① walking이 들어갈 수 있다. / b. 동사 lend가 포함된 4형식 문장의 수동태는 직접목적어를 주어로 하는 경우 간접목적어 앞에 전치사 ② to를 써야 한다. / c. '~으로 가득 차 있다'는 의미는 「be filled with」로 나타내므로 빈칸에는 with가 들어가야 한다. / d. 동사 buy가 포함된 4형식 문장의 수동태는 직접목적어를 주어로 하는 경우 간접목적어 앞에 전치사 ④ for를 써야 한다. / e. 목적어가 that절인 문장은 가주어 ⑤ It을 사용하여 수동태 문장을 만들 수 있다.

어휘 missing 실종된

21 가정법 과거 / 가정법 과거완료

해석 1) Jenny가 건강하다면, 그녀는 운동을 할 수 있을 텐데.
→ Jenny가 건강하지 않기 때문에, 그녀는 운동을 할 수 없다.
2) 네가 지하철을 탔더라면, 늦지 않았을 텐데.
→ 네가 지하철을 타지 않았기 때문에, 너는 늦었다.

해설 1) 「If + 주어 + 동사의 과거형, 주어 + 조동사의 과거형 + 동사원형」형태의 가정법 과거는 현재 사실과 반대되는 가정을 말할 때 쓰이므로, 빈칸에는 모두 동사의 현재형이 들어간다.
2) 「If + 주어 + had v-ed, 주어 + 조동사의 과거형 + have v-ed」 형태의 가정법 과거완료는 과거 사실과 반대되는 가정을 말할 때 쓰이므로, 빈칸에는 모두 동사의 과거형이 들어간다.

22 가목적어 it

해설 to부정사의 목적어가 길어지는 경우, to부정사구를 뒤로 보내고, 그 자리에 가목적어 it을 대신 쓴다.

어휘 swimming goggles 물안경 teammate 팀 동료 motivate 동기를 부여하다, 복돋우다

23 조동사 used to / 진행형 수동태 / 현재완료 진행형 / by 이외의 전치사를 쓰는 수동태

해석 a. Lauren은 매일 아침 차를 마시곤 했다. c. 지난 월요일 이래로 눈이 오고 있다.

해설 b. 「by + 행위자」가 있는 것으로 보아, 수동태 문장이 되어야 함을 알 수 있고, 진행형 수동태는 「be being v-ed」의 형태이다. (following → followed) / d. '~에게 알려져 있다'라는 뜻의 표현은 「be known to」이다. (at → to)

[24-25]

해설 A: 너는 Lily가 가장 좋아하는 운동이 뭔지 아니?   B: 그녀는 아이스하키를 좋아해.   A: 나는 그녀가 야구의 광팬이라고 생각했는데.   B: 그녀는 아이스하키 뿐만 아니라 야구도 좋아해.   A: 그렇구나. 너는 그녀가 농구도 좋아하는지 아니?

24 상관접속사

해설 'A 뿐만 아니라 B도'는 상관접속사 「B as well as A」로 나타낼 수 있다.

25 간접의문문

해석 너는 아니? + 그녀는 농구도 좋아하니?

→ 너는 그녀가 농구도 좋아하는지 아니?

해설 의문사가 없는 의문문이 간접의문문으로 쓰일 경우, 「whether[if] + 주어 + 동사」의 어순으로 써야 함에 유의한다.

10분 만에 끝내는 영어 수업 준비!

NE Tutor

· 전국 영어 학원 선생님들이 뽑은 NE Tutor 서비스 TOP 4! ·

교재 수업자료 ELT부터 초중고까지 수백여 종 교재의 부가자료, E-Book, 어휘 문제 마법사 등 믿을 수 있는 영어 수업 자료 제공

커리큘럼 대상별/영역별/수준별 교재 커리큘럼 & 영어 실력에 맞는 교재를 추천하는 레벨테스트 제공

NELT

한국 교육과정 기반의 IBT 영어 테스트 어휘+문법+듣기+독해 영역별 영어 실력을 정확히 측정하여, 전국 단위 객관적 지표 및 내신/수능 대비 약점 처방

문법 문제뱅크 NE능률이 엄선한 3만 개 문항 기반의 문법 문제 출제 서비스, 최대 50문항까지 간편하게 객관식&주관식 문제 출제

NE_Tutor